Matthias Hipler
Tausend und eine Nacht

Matthias Hipler

Tausend und eine Nacht

Liebe und Erotik in der Partnerschaft

Brendow
Buch · Kunst · Verlag

Die Deutsche Bibliothek – CIP-Einheitsaufnahme

Hipler, Matthias:
Tausend und eine Nacht : Liebe und Erotik in der Partnerschaft / Matthias Hipler.
- Moers : Brendow, 1999
(Edition C : C ; 545)
ISBN 3-87067-775-9

ISBN 3-87067-775-9
Edition C, C 545

Einbandgestaltung: Kortüm + Georg, Agentur für Kommunikation, Münster
Titelfoto: Mauritius / Age. Pedro Coll
Satz: Convertex, Aachen
Fotos: Presse-Bild Poss, Siegsdorf (S. 21, 47, 53, 77, 91, 95) / Peter Santor (S. 9, 69, 97)
Druck und Bindung: Clausen & Bosse, Leck
Printed in Germany

Inhalt

Feuerwerk oder Blindgänger?

Läuft in Ihrer Partnerschaft alles bestens? Können Sie sich überhaupt nicht vorstellen, dass es noch ein bisschen mehr geben könnte in Punkto Liebe, Beziehung und Erotik? Erleben Sie die körperliche Liebe selbst nach tausend und einer Nacht noch immer sensationell aufregend? Gleichen Ihre zärtlichen Stunden zu zweit einem grandiosen Feuerwerk der Lust? Haben Sie nicht einmal im Traum mit dem Gedanken gespielt, wie es wohl mit einem anderen Partner wäre? Hat sich Ihr Traum von der großen Liebe buchstäblich erfüllt, weil Sie ermüdende Streitereien, geplatzte Hoffnungen, ungestillte Sehnsüchte, Langeweile und Liebesfrust nur aus Fernsehfilmen kennen? Dann gratuliere ich Ihnen. Sie haben alles richtig gemacht. Legen Sie meinen Ratgeber zur Sexualität in der Partnerschaft getrost beiseite und widmen Sie sich mit ungeteilter Aufmerksamkeit Ihrem Partner.

Oder gehören Sie vielleicht zu den Paaren, die sich manchmal gefrustet fragen, ob das nun schon wirklich alles war, was sinnliche Liebe zu bieten hat? Schwankt Ihr Sexualleben zwischen Lustgipfel und Jammertal? Fragen Sie sich manchmal, wo die erotischen Anziehungskräfte geblieben sind, weil heiße Komplimente, zärtliche Streicheleinheiten und aufregende Momente in letzter Zeit rar geworden sind? Lässt Sie die Person unter der Decke nebenan merkwürdig kalt? Kommt die Liebe zu kurz, der Mann zu schnell und die Frau kaum zu ihrem Vergnügen? Steht über Ihrer Beziehung ein Fragezeichen, weil Sie sich selbst nicht verstehen, der Partner Ihnen Rätsel aufgibt und die Liebe fraglich geworden ist? Dann möchte ich Ihnen ein dickes Kompliment aussprechen: Sie zeigen, dass Sie daran etwas verändern wollen. Denn Sie halten ein Buch in der Hand, das Ihnen Impulse vermittelt, wie Sie auch nach tausend und einer Nacht erfüllte Sexualität erleben können.

In Liebesdingen gibt es keine Patentrezepte. Um das erotische Profil Ihrer Beziehung zu verbessern, können Sie pflegen, was gut ist und vorhandene Probleme angehen. Sie sind nicht die einzigen, die mit erotischen Hindernissen, seelischen Verletzungen oder Beziehungstrouble zu kämpfen haben. Vielen anderen Paaren geht es genauso. Rastende Liebe rostet schnell. Ob Partnerschaftsarbeit sich lohnt, hängt nicht so sehr davon ab, welches Ausmaß die Probleme angenommen haben. Der Schlüssel zu einer harmonischen Partnerschaft und Sexualität liegt in Ihrer Bereitschaft, kleine und große Probleme anzupacken.

Reife Liebe und beglückende Intimität fällt keinem in den Schoß. Entdecken Sie die Liebe zu Ihrem Partner neu. Lassen Sie sich mutig herausfordern, über sexuelle Wünsche und Enttäuschungen zu sprechen. Eliminieren Sie vorhandene Erotik-Killer. Korrigieren Sie irrige Vorstellungen über Sexualität. Lernen Sie verzeihen. Bemühen Sie sich darum, sich selbst und den Partner besser zu verstehen. Trauen Sie sich und dem anderen mehr Lust an der Liebe zu.

Paare, die meine Beratungspraxis aufsuchen, befinden sich häufig in einer Sackgasse, was ihre Beziehung angeht. Sie suchen neue Wege, um Partnerschaftsfrust und Beziehungsprobleme zu bewältigen. Dabei spielt der sexuelle Bereich eine wichtige Rolle. Wenn das Zusammenleben getrübt ist, klappt es auch im Bett nicht.

Wenn Mann und Frau sich nicht mehr füreinander erwärmen, kehrt Eiszeit im Schlafzimmer ein.

Meine Gesprächspartner atmen erleichtert auf, wenn sie offen über ihre intime Beziehung sprechen können, ohne den erhobenen moralischen Zeigefinger zu spüren. Aus eigener Erfahrung weiß ich, dass romantische Liebe nicht wie von selbst gedeiht. Märchenprinzen und wachgeküsste Prinzessinen leben nur im Märchen glücklich und zufrieden bis an ihr Ende.

Ihr Projekt Partnerschaft muss nicht scheitern, wenn Sie und Ihr Partner Zeit, Energie und Wille zur Veränderung investieren. Ich möchte Ihnen Anstöße vermitteln, die Ihnen dabei helfen, sich neu füreinander zu erwärmen und den Reichtum partnerschaftlicher Liebe und erotischer Freude zu entfalten. Praxisnahe Tipps geben jungverliebten und altgedienten Paaren frische Impulse für ihr Liebesleben.

In meiner therapeutischen und seelsorgerlichen Praxis habe ich viele

Einblicke in den ganz normalen Beziehungsalltag bekommen. Ob Silberhochzeitspaare, Jungvermählte, Paare ohne Trauschein, in Scheidung lebende Paare oder Wiederverheiratete – sie engagieren sich für ihre Zweierbeziehung. Ihre akuten Partnerschaftsprobleme berühren häufig auch den Bereich von Liebe und Erotik. Sie suchen praxisnahe und alltagstaugliche Hilfen für ihr ganz persönliches Liebesleben.

Mit meinen Gedankenanstößen zur partnerschaftlichen Sexualität unternehme ich einen Hochseilakt. Einerseits identifiziere ich mich mit den Maßstäben, die Gott in der Bibel weitergibt. Er hat Partnerschaft und Sexualität erfunden. Seine Liebe kann unsere Liebe bereichern und uns in Beziehungsproblemen weiterhelfen. Andererseits beschleicht mich bei der Lektüre mancher christlicher Eheratgeber das Gefühl, es ginge beim Thema Sex vor allem um Verbote, Vorschriften und warnende Hinweise. Mir ist es wichtig, dem Thema Sexualität einen positiven Rahmen zu geben und meine Leser und Leserinnen zu ermutigen, sich als sexuelle Geschöpfe wahrzunehmen und ihren ganz persönlichen Weg zu gehen. Ich versuche, die Themen offen aufzugreifen, die viele Frauen und Männer bewegen.

Sex ist nicht die ernsteste Nebensache der Welt. Lieben und Lachen gehören zusammen. Ich finde, man sollte auch in der erotischen Liebe etwas zu lachen haben.

Mein Dank gilt allen Paaren und Einzelpersonen, die bereit waren, ihre persönlichen Erfahrungen zum Thema Sexualität in dieses Buch einzubringen.

Liebe und Sexualität gehören zusammen

Je kälter das allgemeine zwischenmenschliche Klima, umso mehr gewinnt der heiße Wunsch nach der großen Liebe an Bedeutung. Von einer Liebesbeziehung verspricht man sich ein Stück Himmel auf Erden. Paradiesische Vorstellungen blühen in den Köpfen auf: „Wir basteln an unserer Karriere, ich an meiner, du an deiner, dann erfüllen wir unseren Kinderwunsch. Im schmucken Einfamilienhaus gedeiht unser Familienleben ausgesprochen harmonisch. Wir reden viel miteinander in der tollen Essküche, empfangen Freunde im Wohnzimmer und erleben berauschenden Sex im Schlafzimmer, alles sauber, schön sättigend und liebevoll inszeniert bis in den letzten Winkel vertrauter Zweisamkeit.“

Die Enttäuschung bei derlei überzogenen Glückserwartungen ist vorprogrammiert. Häufig habe ich Paare in der Eheberatung erlebt, die von den äußeren Umständen her gesehen glücklich miteinander sein müssten. Genau das Gegenteil ist aber der Fall. Streit um die Finanzen, blankgelegte Nerven durch die Kindererziehung, sexuelle Ermüdungserscheinungen, Machtkämpfe, Einsamkeit trotz Ehe und Familie. Stress und Sorgen vermiesen die Beziehung.
Je höher die Erwartungen an das Glück zu zweit, umso tiefer die Enttäuschung, wenn die Liebe in die Krise gerät. Gerade im sexuellen Bereich ist nach meiner Einschätzung der Leidensdruck sehr hoch. Wenn die Liebe sich schleichend verabschiedet und Pflicht und Routine einkehren, ist es höchste Zeit, etwas für die Liebe zu tun. Partnerschaft lebt von drei entscheidenden Faktoren, die ineinander spielen: Liebe, Beziehung und Sexualität. Alle drei Bereiche müssen zusammenkommen, damit Partnerschaft und Ehe gelingen.

Liebe + Beziehung + Sexualität = stabile Partnerschaft

Liebe

Liebe lässt sich nicht kaufen, fragt nicht nach Gewinn, sieht den anderen und wächst dadurch, dass sie verschenkt wird. Liebe kann vertrocknen und eingehen wie eine Primel. Liebe kann zu Stein erstarren. Liebe kann in Hass pervertieren.Wenn beispielsweise ein Partner den anderen nicht mehr riechen kann, nichtsexuelle Berührungen wie Händchenhalten und Begrüßungsküsse Seltenheitswert haben und nur widerwillig geduldet werden, bedeutet das für die Beziehung Alarmstufe rot.
Liebe ist das entscheidende Beziehungselixier, weil sie den anderen trotz und mit seinen Schwächen bejaht. Eine böse Zunge hat einmal behauptet: „Ich kann schon glauben, dass Gott alle Menschen liebt. Aber den ‚Liebling' an meiner Seite hat er dann noch nicht kennen gelernt!"

„Liebe ist in der Bibel kein inhaltsloser Begriff, den die Partner beliebig füllen können. Sie ist auch nicht primär ein subjektives Gefühl, sondern ein Beziehungsgeschehen zwischen Partnern. Sie richtet sich zunächst auf das gemeinsame Leben, in dem die Partner füreinander sorgen und einstehen. Die Liebe steht also nicht im Widerspruch zu den Lebensordnungen und Geboten, die Gott gegeben hat, damit das Leben gelingen kann, sondern die Liebe erfüllt diese." [1]

Der Garten der Liebe muss kultiviert werden. Besonders das Beet der erotischen Liebe braucht anhaltende Pflege.

Wo erotische Vitalität und hautnahe Sinnlichkeit gedeihen, blüht die Liebe auf. Zwei, die sich lieben, fühlen sich auch körperlich zueinander hingezogen. „Darum wird ein Mann Vater und Mutter verlassen und die zwei werden ein Fleisch sein." [2] Liebe ist Leidenschaft mit Fleisch und Blut. Auf seelischer, geistiger und der körperlichen Ebene verbinden sich Mann und Frau zu einer Partnerschaft. Ich bin überzeugt, dass die Liebe keinem dauerhaft in den Schoß fällt, sondern errungen, erarbeitet und erkämpft werden muss. Liebe ist kein unverdienter Glücksfall. Für mich steht Gott für die Liebe. Seine bedingungslose Liebe hat in Christus gehandelt. Seine Liebe nimmt mich an, ohne weitere Bedingungen zu stellen, „brutto" sozusagen. Ich bin geliebt. Wenn ich mich selbst als liebenswerten Menschen sehe, erblicke ich in meinem Partner den liebenswerten Menschen an meiner Seite. Ohne Selbstliebe gibt es keine echte, dauerhafte partnerschaftliche Liebe.

Auch Ihre Liebesbeziehung lebt nicht von schwülen Liebesschwüren, sondern von Ihrem Willen zur Liebe. Liebevolle Gefühle können kommen und gehen. Entscheidend ist die Haltung, die Sie zu Ihrem Partner einnehmen. Wollen Sie ihn mit Haut und Haar lieben? Sind Sie bereit, Verantwortung für die Liebesbeziehung zu übernehmen? Liebe ist mehr eine Frage des Willens als eine der Lust. Sie beinhaltet eine Entscheidung. Nur wenn Sie Liebe verschenken, werden Sie mit Liebe beschenkt.

Beziehung

Die Paarbeziehung verändert sich im Laufe der Zeit. Nach zehn Ehejahren sind wir nicht mehr die gleichen wie zu Beginn der Beziehung. Das Abenteuer Partnerschaft stellt beide vor immer neue Herausforderungen. Enttäuschungen, Konflikte und tiefgreifende äußere Veränderungen stellen die Partnerschaft auf den Prüfstand. Dabei treten bestimmte Stressfaktoren auf: Aus Partnern werden plötzlich Eltern, wenn das erste Kind kommt. Die Rollenverteilung verändert sich. Ein Paar kann sich nach außen hin abschotten und nichts Neues mehr in die Zweierbeziehung bereichernd einwirken lassen. Beide müssen das Verhältnis von Nähe und Distanz immer wieder neu ausloten. Kompromisse müssen gefunden werden, zu denen beide „ja" sagen können. Jedes weitere Kind wirbelt das Familiensystem nochmals durcheinander.

Der gesellschaftliche Trend trennt uns immer weiter von dem Ideal einer erfüllten, glücklichen und lebenslangen Liebe.

Der gesellschaftliche Trend trennt uns immer weiter von dem Ideal einer erfüllten, glücklichen und lebenslangen Liebe. Der Hamburger Sexualwissenschaftler Gunter Schmidt sagt der Ehe und Familie keine stabile Zukunft voraus: „Die Generation der heute 20- bis 30-jährigen wird im Vergleich zur Elterngeneration ihre Beziehungen weiter entinstitutionalisieren, d. h. sie werden seltener und später heiraten und sich häufiger scheiden lassen. Sie werden seltener und kürzer als die Eltern in vollständigen Familien, d. h. mit Partner bzw. Partnerin *und* Kind(ern) zusammenleben; sie haben kürzere Beziehungen und werden im Laufe ihres Lebens mehr Liebesbeziehungen und deutlich mehr Sexualpartner- bzw. -partnerinnen haben. Die Brüchigkeit von Beziehungen kennzeichnet die moderne sexuelle Welt. Wie kommt es dazu? Ehen, Partnerschaften, Liebesbeziehungen sind heute sehr viel abhängiger von Emotionen und Sexualität, als sie es jemals waren." [3]

Je stabiler die Beziehung, umso besser gelingt es den Partnern, Konflikte konstruktiv zu lösen. Sie steigen frühzeitig aus Streitgesprächen aus, verwenden seltener kritische Bemerkungen und loben den Partner häufiger als solche Paare, deren Ehequalität deutlich niedriger liegt.

Wie stabil Ihre Beziehung ist, zeigt sich darin, wie Sie Unterschiedlichkeiten aushalten und Probleme bewältigen. Was in Ihrer Beziehung gut läuft, wirkt sich positiv auf Ihre erotische Liebe und Sexualität aus. Je stabiler der Zusammenhalt, umso befriedigender das Sexualleben. Eine stabile Beziehung lässt sich weniger an der Quantität sexueller Aktivitäten messen als an ihrer Qualität. Wer behauptet, auch kurz vor der Silberhochzeit müssten Mann und Frau wie wild übereinander herfallen, raffinierte Liebesspiele inszenieren mit Duftöl, Reizwäsche und Kuschelrock, um glücklich zu sein, irrt gewaltig. Paare, die sich schon sehr lange vertraut sind, aber nur einmal in zwei Wochen miteinander schlafen, können genauso glücklich sein, wie solche, die bei Sonnenaufgang und Sonnenuntergang Sex praktizieren. Es ist doch wunderbar, wenn Sie von Ihrer Liebe behaupten können: „Wir lieben uns auch nach Jahren nicht immer, aber immer schöner."

Sexualität

Sex erfüllt eine dreifache Aufgabe: [4] Er dient der Zeugung von Kindern, sexueller Lust und partnerschaftlicher Intimität.

- Erstens: Sex, um Kinder zu zeugen

Lust ist erlaubt, auch ohne Zeugungsabsicht.

Dass es uns gibt, ist das Ergebnis einer leidenschaftlichen Begegnung zwischen unseren Eltern. Sexualität auf diese Funktion zu beschränken, wie es im Laufe der Kirchengeschichte immer wieder vorkam, entspricht nicht dem Willen Gottes und verkürzt seine gute Schöpfungsabsicht mit der körperlichen Liebe. Sex kann mehr. Er dient unserem sexuellen Lustempfinden. Er macht Spaß und bringt eine tiefe Befriedigung. Lust ist erlaubt, auch ohne Zeugungsabsicht. Sie ist eine Quelle von sinnlichen Freuden und überschäumenden Gefühlen. Miteinander zu schlafen, ohne ein Kind zu zeugen, verschwendet ganz bestimmt keine Lebensenergie. Das Hohelied Salomos aus dem Alten Testament preist in poetischer Sprache die Freuden der Liebe. Mann und Frau bekennen sich zu ihrer Leidenschaft, ohne dass eine Zeugungsabsicht im Hintergrund steht. Kinder sind eine Gabe Gottes und lustvolle Liebe sein Geschenk. Wer sexuelles Begehren ausschließlich zur Familienplanung gestattet, verkürzt in sexualfeindlicher Manier diese gute Erfindung des Schöpfers.

- Zweitens: Sex als Lustbefriedigung

Wir leben heute in einem Erlebnispark der Sexualität. Alles ist möglich. Jede sexuelle Spielart ist erlaubt: Virtuelle Peep-Shows im Internet, das Hantieren an den Geschlechtsorganen vor laufender Kamera, sado-masochistische Rollenspiele und Talk-Shows, in denen keine Tabus ausgelassen werden. Da fragt man sich, ob man als heterosexueller Partner in der Treuebeziehung Ehe zu den letzten Exoten gehört, die vom Aussterben bedroht sind. Pervers ist normal. Lust ohne Grenzen.

Die reine Lustbefriedigung hat einen schalen Nachgeschmack.

Wo aber grenzenlose Lust propagiert wird, folgt grenzenloser Frust auf dem Fuß. Wer nur darauf aus ist, Vertreter des anderen Geschlechts anzutesten und auf ihre sexuelle Tauglichkeit hin zu prüfen, liquidiert die Liebe. Das gleiche, was einem beim unkontrollierten Genuss von Fast Food passieren kann, droht dem Lustsucher. Irgendwann kommt es ihm wieder hoch. Erotik erschöpft sich nicht in akrobatischen Leibesübungen. Erotikmagazine im Fernsehen banalisieren und kommerzialisieren Sexualität. Die sinnliche Liebe verliert ihren Zauber. Wie schade, dass guter Sex für manche Zeitgenossen etwa den gleichen Stellenwert besitzt, wie jedes andere Fun- und Freizeitvergnügen. Man schläft zusammen und hat seinen Spaß, wie man zusammen Billard spielt oder ein Konzert besucht – Sex als eine Erlebnisvariante unter vielen anderen.

Diese Light-Version von Liebe hinterlässt einen schalen Nachgeschmack. Ekel rührt sich. Flüchtige erotische Abenteuer lassen eine tiefe Leere zurück. Der Beischlaf beinhaltet mehr als den Austausch von Körperflüssigkeiten. Es mag befriedigenden Sex für eine Nacht geben, aber die Sehnsucht nach beglückender intimer Nähe bleibt vollkommen ungestillt. Mehr noch: Tausend kleine Liebschaften und Bettgeschichten immunisieren den Menschen für das, was wir die große Liebe nennen. An die Stelle dauerhaften Glücks treten Lust und Sex auf die Schnelle. Die Beziehungsfähigkeit verkrüppelt.

- Drittens: Sex als partnerschaftliche Intimität

Beim Thema Sexualität in der Partnerschaft geht es um mehr als nur Lustbefriedigung. In der sexuellen Begegnung mit dem Partner können wir eine Intimität und Verbundenheit erfahren wie an keiner anderen Stelle unseres Lebens. Wir „erkennen" einander, wie es in der Bibel heißt. [5] Sex vereint auf einzigartige Weise und schweißt zusammen, wenn er von Liebe bewegt und in eine Treuebeziehung eingebettet, praktiziert wird.

Ich glaube, Sex darf nicht isoliert betrachtet werden. Partnerschaftliche Sexualität drückt eine ganzheitliche Liebe aus. Eine erfüllte Sexualität wirkt sich heilsam auf die Liebenden aus, weil sie Körper und Seele erwärmt. Als reife Persönlichkeiten können Sie mit Ihrem Partner Lust auskosten und verschenken. Das setzt allerdings eine Beziehung voraus, die gleichberechtigt und gleichwertig ausgerichtet ist. Steigen Sie aus dem Kampf der Geschlechter aus, leben Sie nicht in Konkurrenz zueinander, sondern leben Sie aus der Ergänzung.

Was sich in Ihrer Beziehung sexuell abspielt bzw. was sich nicht abspielt, brauchen Sie nicht zu tabuisieren. Gut, wenn Sie darüber reden, was Sie sich wünschen, was Sie vermissen, womit Sie nicht klarkommen. Es liegt in Ihrer Verantwortung, ob Sie Krisen als Chancen begreifen und gewillt sind, etwas für Ihre Partnerschaft und Ehe zu tun.

Partnerschaftliche Sexualität drückt eine ganzheitliche Liebe aus.

Was die Liebe zerstören kann: Erotik-Killer

Pleiten, Pech und Pannen gehören zum Liebesleben. Es gibt Erotik-Killer, denen man mit einer guten Portion Humor entgegentreten kann. Solange nicht der Notarzt gerufen werden muss, gilt das „Prinzip Gelassenheit".

„Die Rettungssanitäter staunten: Der Verletzte, den sie in die Klinik bringen sollten, sah so aus wie Kinoheld ‚Batman'. Fast. Der junge Mann trug ein Batman-Kostüm, das Oberkörper und Arme umschloss doch am Nabel war Schluss. Weiter abwärts trug Batman nichts als blanke Haut. Noch am Unfallort diagnostizierte der Notarzt Knochenbrüche an beiden Händen, am linken Arm und einen Kieferbruch. Doch der verletzte Batman, der dann wenige Minuten später mit Blaulicht in die Klinik gefahren wurde, war nicht etwa in die Hände von Ganoven geraten und ‚aufgemischt' worden. Die Retter konnten sich nur mit Mühe ein Grinsen verkneifen, als sie erfuhren, wie ihr Patient zu seinen Blessuren gekommen war. Batman war abgestürzt – beim Liebesspiel. Helene K. (31), Angetraute des Angestellten Willi K. (35), erzählte nur zögernd und sichtlich verschämt, was passiert war: ‚Ich lag im Bett, mein Mann wollte vom Kleiderschrank zu mir herunterschweben – im Batman-Kostüm. Doch als Willi auf den Schrank geklettert war, verlor er den Halt und stürzte herunter.'" Dabei verletzte sich der „Batman" schwer, konnte sich kaum bewegen und wimmerte vor Schmerzen. Sein Pech: Ehefrau Helene konnte ihm auch nicht helfen. Sie war zuvor auf dem Bett festgebunden worden. Erst nach über einer Stunde hörten Nachbarn die Schmerz- und Hilfeschreie und alamierten den Notarzt." [6]

Ich finde es tröstlich, dass perfekte Partnerschaften und vollkommenes Liebesglück nur in Liebesromanen existieren. Nichts schweißt mehr zusammen als die Erfahrung, auch kleine und große Schwierigkeiten in der Partnerschaft gemeistert zu haben. Im Liebesleben liegen zahlreiche Erotik-Killer auf der Lauer, die uns den Spaß an der Liebe gründlich vermiesen wollen. Wer Gefahren erkennt, kann überlegt und entspannt damit umgehen. Die Liste der erotischen Stimmungsräuber ist lang. Einige von ihnen begleiten alle Paare zu allen Zeiten, andere machen gerade dann, wenn aus Partnern Eltern werden, mobil. Die in diesem Kapitel behandelten Schwierigkeiten lassen sich relativ leicht entschärfen, wenn die partnerschaftliche Beziehung stimmt.

Erotik-Killer Nr. 1: Müdigkeit

Beide würden schon häufiger zusammen schlafen. Aber bitte, wann? Zärtliche Stunden kommen einfach deshalb zu kurz, weil Zeit und Muße fehlen. Vollgepackt und arbeitsreich schrumpft der Alltag die Chance auf schöne Stunden zu zweit auf ein Minimum.

Sie hat den ganzen Tag jede Menge um die Ohren gehabt. Die Kinder gebändigt, den Haushalt geschmissen und noch tausend andere Aufgaben bewältigt. Am liebsten würde sie sich schon um acht ins Bett fallen lassen. Total k.o. und ausgepowert.

Jetzt steht ihr nicht mehr der Sinn nach leidenschaftlicher Erotik. Sie will ins Bett. Zum Schlafen und sonst nichts. Mögen sich andere Frauen nach einem harten Tag zum verführerischen, tatendurstigen Vamp verwandeln. Sie gehört jedenfalls nicht zu dieser Art Superpowerfrau.

Was macht sie nur falsch? Die Ehefrauen im Werbefernsehen öffnen ihrem Gatten immer mit einem verführerischen Lächeln die Haustür. Hübsch erotisch verpackt und total entspannt, als hätten sie den Tag auf der Beauty-Farm verbracht. Ihr dagegen ist ganz und gar nicht danach zumute, dem Liebsten den Abend mit einem erotischen Betthupferl zu versüßen. Sie ist froh, wenn er noch hel-

fen kann, die Kinder ins Bett zu bringen, um sich anschließend die defekte Waschmaschine noch vorzunehmen.
Ihm ergeht es nicht anders. Stressgeplagt schlüpft er am Abend in seine Hausschuhe. Das einzige, was ihn jetzt noch anmacht, ist die Tageszeitung oder Fußball im Fernsehen. Vor ein paar Jahren freute er sich noch, wenn er von der Arbeit kam – auf sein Abendessen und auf Sex mit seiner Frau. Heute ist er froh, wenn er nach dem Essen seine Ruhe hat. Die hat er dringend nötig.

„Zeitweise war unser Liebesleben ganz schön eingeschlafen. Besonders seit der Schwangerschaft meiner Frau und der Geburt unseres Kindes. Sie fällt abends nur noch müde ins Bett. Mein beruflicher Stress hat zugenommen. Mir ergeht es nicht anders. Fast wäre der Sex in unserer Beziehung völlig untergegangen. Für uns war es wichtig, dass wir uns beide zugestanden haben, dass leidenschaftliche Erotik jetzt einfach mal etwas hintenansteht. Andererseits haben wir uns überlegt, dann gezielt Kuschelzeiten einzuplanen, wenn wir noch nicht total kaputt sind, also tagsüber. Vielleicht wundern sich jetzt manchmal unsere Nachbarn, wenn am helllichten Tag das Schlafzimmerrollo unten ist. Hauptsache, unsere Kleine hält zwei Stunden ihren Mittagsschlaf und wir können kuscheln. Ob dann daraus mehr wird, ist nicht so entscheidend. Seit dem wir zu dritt sind, schlafen wir nicht mehr so oft zusammen, aber wenn, dann nehmen wir uns mehr Zeit als früher und machen es nicht mehr so ‚rubbel-die-Katz'."
(Bernd, 35 Jahre)

So fallen beide todmüde und „hundekaputt" ins Bett. Es reicht nicht mehr für eine Extra-Anstrengung. Keine Lust und Energie auf Sex wird da schnell zum alltäglichen Gefühl.
Was können Sie dagegen unternehmen?
Trotz Alltagsstress brauchen Sie nicht sehnsüchtig auf Ihren Jahresurlaub oder die Rente zu warten, um Ihr Liebesleben wieder aufzufrischen. Warum nicht im Alltagstrott ein erotisches Date mit dem Partner reservieren? Sie planen weniger wichtige Dinge doch auch fest ein. Dabei sollte Ihnen ein ungestörtes Rendezvous mit Ihrem Partner bestimmt mehr wert sein als die Autoinspektion oder Tante Friedas dreiundsechzigster Geburtstag.

Es ist einfältig zu glauben, Sex dürfe sich nur spontan, wie von selbst ergeben. Ein fest eingeplanter Termin tut Ihrer Liebe keinen Abbruch. Im Gegenteil: Wählen Sie sich einen Tag und eine Uhrzeit aus, zu der Sie noch nicht ausgepowert sind. Buchen Sie einen Babysitter. Bestellen Sie den Tisch beim Italiener. Genießen Sie die Vorfreude auf so ein festes Rendezvous und der Alltagsfrust mit der Lust wird schon ein bisschen erträglicher.

Sex ergibt sich nicht immer „wie von selbst".

Aber Vorsicht: Überhöhte Erwartungen führen schnell zu großen Enttäuschungen. Was zählt, ist letztlich einfach die ungestörte Zeit zu zweit, die Sie für Ihren Schatz reservieren.

Je größer Ihre Flut an Terminen und Verpflichtungen, umso wichtiger ist es, dass Sie sich eine Insel für Zärtlichkeit und Zweisamkeit im Terminkalender freihalten.

Erotik-Killer Nr. 2: Minderwertigkeitsgefühle

Der kritische Blick in den Badezimmerspiegel nach der Dusche weckt jähes Entsetzen. Spiegel lügen bekanntlich nicht. Sie offenbaren auf gemeine Art, dass die meisten von uns nicht in die Kategorie der perfekten Körper gehören. Zwischen ihr und Claudia Schiffer liegen unendliche Weiten und mit Richard Gere verbindet ihn vielleicht nur noch die gleiche Blinddarmnarbe.

Mir sind noch keine Frau und kein Mann begegnet, die wirklich hundertprozentig zufrieden mit ihrem Äußeren gewesen wären. Selbst eine Claudia Schiffer geht mit ihren kleinen Schwächen hart ins Gericht.

Wir leiden an Minderwertigkeitsgefühlen, weil der Spiegel uns nicht so zeigt, wie wir gerne wären. Problemzonen hat jeder. Frauen leiden besonders unter dem propagierten Schlankheitswahn unserer perfekt durchgestylten Welt. Ihnen wird immer wieder von Werbeindustrie, Modemagazinen und nicht selten von ihren Ehemännern suggeriert, dass nur der schlanke, faltenfreie, sonnengebräunte Körper attraktiv und begehrenswert sei.

Wer schön sein will, muss leiden. Deshalb müssen die überflüssigen Pfunde qualvoll abgehungert werden. Den Traumbody gibt's nicht

umsonst. Die Diätmittelbotschafter bieten ihren Beistand an im Kampf gegen das Übergewicht. Sie versprechen das schlanke Wunder vom Himmel. Sieben Pfund in sieben Tagen. Und am achten Tag kommt alles wieder drauf und zentnerweise Frust dazu.
Was tut sich frau da eigentlich an?

Wer mit dem eigenen Körper nicht glücklich ist, kann zwischen zwei Möglichkeiten wählen: entweder Abnehmen oder Annehmen. Aus mit dem Krampf, anders sein zu wollen. „Nein" zu Diätenfrust, „ja" zu mir selber. Annehmen statt abnehmen, mir mein Äußeres nicht ständig übel nehmen. Wer im Krieg mit dem eigenen Körper liegt, tut sich und dem Partner nichts Gutes.

Wer mit dem eigenen Körper nicht glücklich ist, hat zwei Möglichkeiten: entweder Annehmen oder Abnehmen.

Auch die Gattung Mann kämpft zunehmend mit Minderwertigkeitsgefühlen. Wenn die Umfragen stimmen, glauben die meisten Männer, „er" sei zu kurz geraten. Sie tragen die unsinnige Vorstellung im Kopf: Penis gleich Mann.
Wer sich selbst und den eigenen Körper nicht annehmen kann, kann den Partner auch nur schlecht annehmen. Wenn ich glaube, mein Körper sei wenig attraktiv, werde ich meinem Partner kaum abnehmen, dass er mich schön und begehrenswert findet. Seine erotischen Komplimente prallen dann ungehört ab.
Es fällt ihr schwer, sich in seine Armen fallen zu lassen, wenn sie dabei unentwegt an ihre unansehnlich dicken Oberschenkel oder ihren Hängebusen denkt. Die Angst, deshalb nicht gemocht und begehrt zu werden, sitzt tief. Sie lähmt die sexuelle Freizügigkeit und Aktivität. Sie glauben wegen irgendeines Makels nicht genügend liebenswert zu sein. Folglich glauben sie auch, dass ihr Partner genauso empfinden wird. Dabei stört es sie selbst vermutlich viel mehr als ihn.
Die Tür zu leidenschaftlicher Erotik in der Partnerschaft ist eben nicht der perfekte Körper. Wie beglückend das gemeinsame Intimleben empfunden wird, hängt nicht von der richtigen Körbchengröße oder der Statur eines Zehnkämpfers ab.
Machen Sie sich folgende Wahrheiten klar:
Sie erreichen Ihre Idealfigur etwa so leicht wie einen Sechser im Lotto.

Minderwertigkeitsgefühle machen unzufrieden, nörgelig, ungenießbar und unattraktiv.
Lassen Sie sich nicht mehr von den vielen „du sollst so und so aussehen“ und „du musst jene Figur haben“ bestimmen. Persönlichkeit geht vor Outfit. Was Sie ausstrahlen, wiegt mehr als Ihr Äußeres.
Schließen Sie Frieden mit Ihrem Körper. Machen Sie sich und Ihrem Partner das Liebesleben nicht unnötig schwer durch immer wiederkehrende abwertende Bemerkungen über Ihr Aussehen. Wenn Ihr Partner Ihnen Komplimente macht, was er an Ihnen besonders sinnlich findet, dann nehmen Sie Ihn ernst.

Nicht nur Topmodels sind begehrenswert. Seien Sie einfach ein „dickes Geschenk“ für Ihren Schatz!

Auch wenn Sie sich manchmal wie ein alter Wischmopp fühlen, glauben Sie daran, dass Sie viele attraktive Seiten besitzen. Auch wenn Sie nicht wie ein Topmodell aussehen, stehen Sie zu sich selbst und Ihrem Körper.

Eine mäkelnde Sexbombe ist weniger erotisch als eine Frau, die sich selber mag.

Sagen Sie sich einfach: „Ich bin ein dickes Geschenk an meinen Schatz.“

Manchmal vergessen Sie als Ehemann, dass eine Schwangerschaft natürlicherweise den weiblichen Körper verändert hat. Seien Sie deshalb barmherzig. Sie sind der Vater. Sie tragen als Mann ihren Glatzenansatz ja auch mit männlicher Würde. Nicht die körperlichen Mängel entscheiden, wie wohl wir uns in unserer Haut fühlen. Entscheidend ist, wie wir mit ihnen umgehen.

Ich empfinde es als eine Frechheit, wenn übergewichtige Männer, die noch nie einen Fitnessclub von innen gesehen haben, ihren Frauen zu verstehen geben, sie sollten dringend etwas für ihre Figur tun.

Würden Frauen bei ihren Männern die gleiche Messlatte anlegen, sähen diese ganz schön alt aus.

Wenn Sie sich dafür entscheiden, etwas für ihre Figur zu tun, warum dann nicht zusammen? Ob gemeinsames Fitness-Training oder Süßigkeitenfasten – geteiltes Leid ist halbes Leid.

Sie können etwas gegen die allmähliche Verflachung Ihres Liebeslebens unternehmen. Geben Sie sich ruhig etwas Mühe, für Ihren Liebsten oder Ihre Liebste nett auszusehen.

Vergessen Sie nicht, kleine Dinge zu betonen, die Ihr Partner besonders attraktiv an Ihnen findet.

Wie beispielsweise der hauchzarte Duft, mit dem Ihr Partner Sie besonders gut riechen kann.

Wenn Sie das nächste Mal in den Badezimmerspiegel schauen, sagen Sie: „Gott, ich danke dir, dass du mich wunderbar gemacht hast!“

Erotik-Killer Nr. 3: Kritische Bemerkungen im Schlafzimmer

Es gibt eine todsichere Möglichkeit, wie eine heiße Liebesnacht jäh zur Eiszeit wird: Üben Sie Kritik im Bett!

„Schatz, du bewegst dich im Bett wie eine Fleischwurst.“
„Du warst auch schon mal schlanker.“
„Lass das, du machst das so nicht richtig!“
„Wenn du mit mir schläfst, machst du immer ein Gesicht, als würdest du gerade die Autoreifen wechseln.“

Negative Bemerkungen über den Körper oder die Liebestechnik des Partners verderben jede Lust.
Das Liebesthermometer sackt auf Null.
Als Frau können Sie dazu beitragen, dass Ihr Mann impotent wird, indem Sie ihn wie einen „Schlappschwanz“ behandeln und kritisieren. Wenn Sie den sexuellen Liebesakt anschließend mit den Worten kommentieren: „Andere Männer können bestimmt länger und brechen nicht schon nach drei Minuten ein“, fühlt sich Ihr Mann als schlapper Liebhaber und macht erst recht beim nächsten Mal schlapp. Und wenn Ihre Frau sich ständig Ihre wohlmeinenden Korrekturvorschläge anhören muss, wird sie schnell die Lust verlieren, sich für Sie schön zu machen.
Solche Liebeskiller gehören in den Giftschrank der Kommunikation. Sparen Sie sich jede kritische Bemerkung, wenn Sie miteinander schlafen. Aber sparen Sie niemals an lobenden und anerkennenden Worten. Sie brauchen als Mann Bestätigung. Sie sehnen sich als Frau nach Anerkennung. Mit ehrlich gemeinten Komplimenten werten Sie den anderen auf. Sie sind Balsam für seine Seele. Kritik wertet nur ab. Sehen Sie liebevoll über die Unvollkommenheiten des Partners hinweg. Sie können Ihren Partner gar nicht genug loben. Lassen Sie sich etwas einfallen. Sie brauchen kein Poet zu sein, um die Seele des Partners mit Worten zu streicheln. Lassen Sie ihn spüren, wie klasse Sie ihn finden. Flüstern Sie ihm kleine Schmeicheleien ins Ohr. Schreiben Sie ihm ein paar liebe Zeilen,

Sehen Sie liebevoll über die Unvollkommenheiten Ihres Partners hinweg.

Negative Bemerkungen gehören in den Giftschrank der Kommunikation.

die ihm zeigen, wie schön Sie es letzte Nacht gefunden haben. Gehen Sie so mit Ihrem Partner um, als sei er der tollste und liebenswerteste Mensch der Welt. Er wird aufblühen. Nur wenn Sie sich selbst und Ihr Partner bedingungslos geliebt und begehrt fühlen, können Sie auch Sex befreit und ungehemmt genießen.

Wenn Sie einmal kritische Dinge ansprechen wollen, wählen Sie eine günstigere Gelegenheit als eine erotische Situation. Sprechen Sie davon, womit Sie konkret ein Problem haben. Gebrauchen Sie „Ich-Botschaften", die den anderen nicht angreifen, abwerten und verletzen. Zum Beispiel: „Ich wünsche mir, dass unser Vorspiel ein bisschen länger dauert. Es ist für mich so schön. Ich wünsche mir, du würdest noch ein bisschen weiter so streicheln."

Erotik-Killer Nr. 4: Empfindlichkeiten des Partners ignorieren

Was den einen anmacht, stößt den anderen ab. Jeder kennt Dinge, die er absolut nicht ausstehen kann. Wer die Empfindlichkeiten seines Partners ignoriert, handelt rücksichtlos und lieblos. Das zeigt sich besonders, wenn's um die Erotik geht. Die Hitliste der sexuellen Abturner ist lang. Körperpflege und Intimhygiene sollten nicht erst auf den Beischlaf folgen, sondern ihm vorausgehen. Mund-, Fuß- und Achselgeruch können jede erotische Atmosphäre verpesten. Wer küsst schon gerne einen Aschenbecher? Wer im Bett neben der Nichtraucherin qualmt, darf sich nicht wundern, wenn sich ihre Lust in Luft auflöst.

Auch die Liebestöterunterhose aus den Nachkriegsjahren wirkt appetithemmend.

Gehen Sie also rücksichtsvoll mit den Empfindlichkeiten Ihres Partners um. Liebe zeigt sich nicht in großen Schwüren, sondern in kleinen Rücksichtnahmen.

Erotik-Killer Nr. 5: Phantasielosigkeit

Ich nenne sie die „3-D-Einstellung". Im **D**unkeln, unter der **D**ecke mit **d**icker Kleidung. Und manchmal kommt ein viertes „D" dazu: **d**alli, **d**alli!

Wer keine erotische Ideen pflegt, verliert irgendwann die Lust. Dabei bietet die feste Partnerschaft ungeahnte Möglichkeiten. Wer sagt eigentlich, dass der erotische Nahkampf immer nur im Ehebett stattfinden muss? Es gibt viel mehr geeignete Plätze als nur das heimische Schlafzimmer:

Ob auf dem Küchentisch, unter der Dusche, im Auto, vorm lodernden Kaminfeuer oder draußen in Mutter Natur. Neue Örtlichkeiten können sich ungeheuer belebend auf Ihr Liebesleben auswirken. Vorausgesetzt, Sie erregen kein öffentliches Ärgernis.

Ein frisch gebackenes Ehepaar erzählt: „Einmal sind wir von der Autobahn abgefahren, um uns ein ‚Bett im Kornfeld' zu suchen. Die erotische Idylle an unserem lauschigen Plätzchen währte allerdings nur kurz. Just in dem Moment, als wir uns unserer Kleidung entledigten, hörten wir Traktorengeräuche. Wir trauten unseren Augen nicht. Der Bauer kam angefahren und begann damit, unser Kornfeld zu mähen. Ein bisschen peinlich war uns das schon, nur leicht bekleidet die Flucht vor dem herannahenden Mäher anzutreten. Dieses kleine erotische Abenteuer ist für uns unvergesslich und etwas Besonderes. Manchmal erinnern wir uns mit verschmitztem Lächeln: ‚Weißt du noch, unser Bett im Kornfeld'?"

Auch wenn es besonders fromm klingt, die ‚Missionarsstellung' beim Liebesspiel ist nur eine von vielen Möglichkeiten, sich heiß und innig zu lieben. Beim Sex in der Ehe ist es wie mit dem Besuch einer Pommesbude. Currywurst ist lecker. Aber immer nur das gleiche essen, verdirbt auf Dauer den Appetit. „Fast-food-Sex" lässt die sexuelle Beziehung verarmen. Auch ohne sportliche Höchstleistungen zu vollbringen können die Partner ihren erotischen Speiseplan facettenreich gestalten. Aus biblischer Perspektive ist in der körperlichen Liebe alles erlaubt, was beiden gefällt. Es bleibt dem Ideenreichtum und der Phantasie der Ehepartner überlassen, welche Stellungen sie beim Liebesspiel ausprobieren möchten. Frei nach dem Ikea-Slogan: „Entdecke die Möglichkeiten!"

Kleine Veränderungen haben einen positiven Effekt.

Im Liebesleben wirken sich schon ganz kleine Veränderungen überraschend postiv aus: neue Möbel im Schlafzimmer, ein Spiegel, eine wohl tuende Partnermassage oder eine neue Liebesposition. Ohne ein bisschen Phantasie verblasst die erotische Anziehungskraft. Nur wer mutig auch einmal Neues wagt, wird die Langeweile besiegen. Liebe macht erfinderisch. Beide dürfen ihr gemeinsames Liebesleben abwechslungsreicher und damit auch befriedigender gestalten.
Untersuchungen haben ergeben, dass drei Viertel aller Männer schon in den ersten zwei Minuten nach dem Eindringen des Gliedes in die Scheide zum Höhepunkt kommen. Damit ist für manche Ehefrau der Liebesspaß bereits vorbei, bevor er überhaupt richtig angefangen hat. Damit sie nicht zu kurz kommt, weil er zu schnell kommt, sollte der Partner an seinen Liebhaberfähigkeiten arbeiten. Anregungen enthält das Kapitel: „Was macht ihn zu einem guten Liebhaber?"

Erotik-Killer Nr. 6: Leistungsdruck

Ein richtiger Mann kann immer und will immer. Supermann ist ein Ausbund an Vitalität und Potenz. Er ist immer in Stimmung und versteht es auf Casanova-Art, seine Partnerin grandios in Stimmung zu versetzen. Die Superfrau besticht nicht nur durch Schönheit und Grazie, sondern will so oft es geht und zwar in allen möglichen Liebespositionen. Multiple Orgasmen in wilden Nächten sind für sie der Normalfall. Im erotischen Zweikampf vollbringt das Superpaar olympiareife Leistungen in der Disziplin Sexualakrobatik.
Wenn diese Beschreibungen auf Sie nicht zutreffen, kann ich Sie beruhigen. Sie sind ein ganz normaler Mann und eine ganz normale Frau. Supersex und Mega-Höhepunkte gehören ins Reich der erotischen Märchen. Die Wirklichkeit sieht befreiend mittelmäßig und normal aus.

Natürlich spukt in männlichen Köpfen der Leistungsgedanke. Das männliche Ego misst seinen Wert an dem, was es zustande bringt. Probleme mit der Potenz oder Unlustgefühle führen da schnell zu Verunsicherung. Die heimliche Angst, es als Mann im Bett „nicht zu bringen", wird durch potenzstrotzende Filmhelden, irreführende Sexnormen und Statistiken und kleine Pannen im Ehealltag genährt. Die Vorstellung, als Mann im Bett zu versagen, macht vielen Ehemännern zu schaffen. Furcht vor Impotenz schwächt das Selbstvertrauen und führt zu einem negativen Selbstbild.

Supermänner und Superfrauen gibt's nur im Film. Leistung und Liebe haben wenig gemeinsam.

Manche Männer verfallen dem Glauben, sie seien die einzigen auf der Welt mit diesem Problem.

Spätestens seit der medienwirksamen Einführung der Potenzpille Viagra ist deutlich geworden, wie viele Männer von Potenzstörungen betroffen sind. In manchen Fällen vermag dieses Medikament impotenten Männern zu helfen. Ein Allheilmittel ist es ganz sicher nicht. Seelische Ursachen für das Symptom Impotenz lassen sich mit Viagra nicht beheben.

Leistung und Liebe haben wenig gemeinsam. Der Leistungsgedanke in der Liebe tötet die Lust. Angst vor dem Versagen programmiert das Versagen geradezu vor. Wer sagt denn eigentlich, dass man(n) immer seinen Mann stehen muss und sich keine Schwächen leisten darf? Erektionspannen sind überhaupt nicht tragisch. Schließlich wollen Frauen keine Maschine im Bett, sondern einen Partner, mit dem sie eine Liebesbeziehung leben können.

Frauen können sich genauso verunsichert fühlen, wenn sie beim Liebesspiel nicht zum Orgasmus kommen. Sie fühlen sich unter Druck gesetzt und fragen sich, ob sie etwas falsch machen. Die Frau als Sexexpertin, die nicht nur genau weiß, was Männer sich wünschen, sondern die auch ihre eigene Libido perfektioniert hat, eignet sich vielleicht hervorragend als Kummerkastentante einer Frauenzeitschrift. Ein „Superweib" darf schwach sein, Unlustgefühle erleben und getrost von allem Abschied nehmen, was mit Leistungssex zu tun hat.

Leistungsdruck im Schlafzimmer entsteht aus Angst zu versagen und Fehler zu machen. Wer glaubt, beim Sex keine Schwächen zeigen zu dürfen, wird versuchen, alles richtig zu machen. Die Folge davon ist, dass sich ein Beobachterverhalten entwickelt. Es steht sozusagen in Gedanken des Mannes ein Beobachter neben der Bettkante, der überprüft, ob die Erektion auch stark genug ist, ob sie auch lange genug andauert, ob er auch die richtige Technik anwendet. Das ist der Tod jeder erotischen Lust: verkrampft, angespannt, innerlich auf Beobachterposten, von Versagensangst geplagt stellt sich genau das Gegenteil von dem ein, was man(n) sich wünscht.
Wenn seine Frau dann noch ein verstärktes Bedürfnis nach Sex signalisiert und mehr will, als er im Moment gibt, dann ist für ihn der Ofen in Punkto Libido vollends aus. Der Teufelskreis von Leistungsanspruch, Angst vor Versagen, Beobachterverhalten, Versagen und gesteigerter Angst vor wiederholtem Versagen schließt sich.

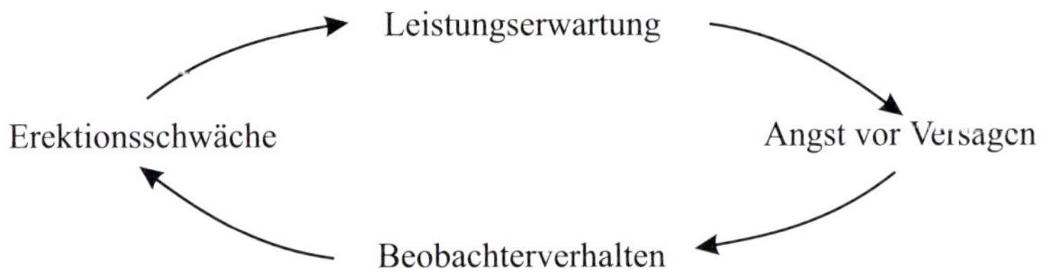

Was kann bei Erektionsproblemen helfen, sofern keine organische Störung vorliegt? Ich ermutige Sie als Mann:

1. Sprechen Sie mit Ihrer Partnerin über Ihre Versagensangst!

Häufig resultiert Ihre Furcht, als Mann nicht zu genügen, aus überhöhten selbstgesteckten Leistungserwartungen. Aber Sie müssen nicht automatisch mit einer Erektion reagieren, sobald Sie in eine erotische Situation mit Ihrer Partnerin geraten. Wenn Sie Ihrer Partnerin Versagensängste mitteilen, entdecken Sie, dass die Anforderungen an Ihre Potenz gar nicht so hoch sind, wie Sie bisher geglaubt haben.
Gestehen Sie sich offen eigene Ängste ein. Das ist weitaus hilfreicher, als wenn Sie gegen den Versagensdruck ankämpfen.

2. Verändern Sie Ihre Einstellung!
Erektionen kommen und gehen. Was ist daran tragisch, wenn Ihre Erektion einmal während des intimen Zusammenseins mit der Partnerin verloren geht? Alle „Muss-Vorstellungen“ laufen einer entspannten Atmosphäre und Verfassung zuwider. Kein Mann muss immer können. Als Liebhaber müssen Sie nicht perfekt sein. Wenn sich die Gliedversteifung für einen Moment verabschiedet, muss das Liebesspiel damit noch nicht gelaufen sein. Ein einfühlsamer Liebhaber wird auch ohne Dauererektion seine Partnerin genussvoll verwöhnen. Sex ist viel mehr als bloßer Geschlechtsverkehr. Wenn Sie hin und wieder „versagen“, sind Sie damit noch lange kein Versager!

3. Stellen Sie Ihr Beobachterverhalten ab!
Lassen Sie Ihre unsichtbare Stoppuhr im Kopf, die messen soll, wie schnell „er“ wieder einsatzbereit ist, weg. Genießen Sie gelassen gegenseitige Zärtlichkeiten. Kommt eine Erektion zustande, ist es gut. Kommt sie nicht, ist es auch gut. Streicheln Sie und lassen Sie sich streicheln. Üben Sie sanftes Berühren und Berührtwerden, genießen Sie mit allen Sinnen auf allen Ebenen, ohne einen Gedanken daran zu verschwenden, ob Ihr Glied steif wird oder nicht. So bauen Sie Leistungsdruck und Versagensangst wirkungsvoll ab. Am wirkungsvollsten lässt sich das Zuschauerverhalten abbauen, indem Sie mit Ihrer Partnerin zusammen darauf achten, dass Ihr intimes Zusammensein freibleibt von dem zielorientierten Erbringen einer Leistung. Entdecken Sie neu die spielerischen Elemente des partnerschaftlichen Sex.

Die unsichtbare Stoppuhr im Kopf kann alles vermiesen.

Wenn sich Versagensängste und sexuelle Funktionsstörungen dauerhaft einstellen, sollten Sie mit Ihrer Partnerin professionelle Hilfe in Anspruch nehmen. In Seelsorge und Therapie können Sie die tieferliegenden Ursachen für Impotenz erhellen und bearbeiten.

Erotik-Killer Nr. 7: Die Angst, schwanger zu werden

Es muss nicht unbeding die Pille sein.

Die Lust wandelt sich schnell zum Frust, wenn die Frage der Empfängnisverhütung ungeklärt ist. Heute bieten sich vielfältige Möglichkeiten zur Familienplanung: Natürliche Methoden (z. B. Knaus-Ogino-Methode), mechanische Möglichkeiten (z. B. Kondom, Scheidendiaphragma), chemische Methoden (Scheidenzäpfchen) und hormonelle Mittel (Antibabypille). Die radikalste Form ist die Sterilisation. Jede Form von Empfängnisverhütung hat Vor- und Nachteile. Die entsprechenden Erotik-Killer verbergen sich im Detail. Die natürlichen Methoden schränken den Koitus auf wenige unfruchtbare Tage ein und verlangen ein hohes Maß an Selbstdisziplin. Über Lust und Frust entscheidet oft der Monatskalender.
Auch Kondome haben ihre Tücken. Wenn er sich zum Beispiel verschämt umdreht und krampfhaft das Kondom zur Fortsetzung des Liebesspiels überzustreifen versucht, sackt die Liebeslust ins Tiefgeschoss. Warum eigentlich nicht diese Form des Empfängnisschutzes ins beiderseitige Liebesspiel einbeziehen? Es mag seine Erregung sogar steigern, wenn sie mit Hand anlegt.
Der so genannte Coitus interruptus, der unterbrochene Geschlechtsverkehr, bei dem der Mann sein Glied aus der Scheide zieht, bevor es zum Samenerguss kommt, hat eine hohe Fehlerquote und wirkt sich dauerhaft praktiziert ausgesprochen unbefriedigend aus. Wer immer „aufpassen“ muss, kann lustvollen Gefühlen nur bedingt nachgeben. Es ist, als ob man mit dem Zug von München nach Hamburg fahren will, aber auf halber Strecke in Castrop-Rauxel schon aussteigen muss.
Einige Frauen berichten, dass sie nach Einnahme der Pille zwar die Verhütungsfrage geklärt hatten, aber die Libido auf einmal spürbar zurückgegangen war. Hans Rettenbacher schreibt aus ärztlicher Sicht dazu: „Andererseits muss darauf hingewiesen werden, dass Frauen mit zyklusabhängiger Depressionsneigung durch Pilleneinnahme eine Depressionsverstärkung erleiden können, mit Antriebsschwäche, Traurigkeit, Zurückgezogenheit oder Reizbarkeit und Libidoabnahme. Die Befindlichkeit unter Pilleneinnahme hängt auch

mit Gefühlen der Ängstlichkeit zusammen. Häufige Ängste der Frauen bestehen in der Sorge, durch die Pilleneinnahme unfruchtbar zu werden. Solche Befürchtungen über Nebenwirkungen der oralen Kontrazeptiva können die Befindlichkeit der Frau trüben.“ [7]

„Für erotische Reize bin ich immer sehr empfänglich in meinem Zyklus während des Eisprungs. Dann empfinde ich oft den ganzen Tag eine erotische Spannung und ersehne mit Vorfreude das ‚Ereignis‘ des Tages oder Wochenendes herbei. Mein Mann weiß inzwischen schon, was ihm in dieser Zeit blüht. Nach der Zeit des Eisprungs klingt mein sexuelles Bedürfnis wieder deutlich ab, was er natürlich bedauert. Bei uns müssen viele Faktoren stimmen, damit wir zusammen schlafen – unsere Kinder gut aufgehoben, Alltagsstress mit zeitlicher Lücke, mein Mann und ich nicht gerade von Grippe oder dergleichen geschüttelt, und so weiter. Wenn ich mir dann auch noch zur Zeit meiner größten Lust Gedanken um eine Schwangerschaft machen müsste, die ja gerade dann sehr wahrscheinlich wäre, verginge mir der Spaß. Mein Entschluss, mich sterilisieren zu lassen, hat sich sehr entlastend auf unser Sexleben ausgewirkt.“
Christa, 35 Jahre

Wie können Sie diese und andere Lusttöter entschärfen?

1. Empfängnisverhütung und Familienplanung geht beide Partner an, nicht nur die Frau.
2. Beschaffen Sie sich sachlich fundierte Informationen zu den unterschiedlichen Methoden. Sie helfen Ihnen Ängste und Unsicherheiten abzubauen.
3. Sie müssen als Paar Ihren eigenen Weg finden, ob und wie Sie Familienplanung gestalten wollen. Die perfekte Methode gibt es nicht. Risiken müssen Sie sorgfältig bedenken und abwägen. Auch Ihre Seele muss mitspielen. Pannen werden sonst wahrscheinlicher.
4. Sie dürfen das Feld der Familienplanung niemals missbrauchen, in dem Sie Ihren Partner übergehen. Zum Beispiel, indem Sie heimlich die Pille absetzen oder Sie sich als Mann strikt weigern, ein Kondom zu benutzen mit der Begründung, „dann nichts mehr zu spüren“.

Wie oft ist eigentlich normal?

Nach einer im Nachrichtenmagazin FOCUS [8] veröffentlichten Befragung von 10.000 Personen über 16 Jahre stellt sich die durchschnittliche Häufigkeit des Geschlechtsverkehrs pro Jahr im Ländervergleich so dar:

Amerika:	135
Russland:	133
Frankreich:	128
Deutschland:	127
Großbritannien:	124
Italien:	95
Spanien:	75
Thailand:	64

Nach dieser Befragung haben deutsche Paare durchschnittlich 2,44 mal Sex in der Woche. Im Land der Reformation scheint also Luthers Rat annähernd umgesetzt worden zu sein, dreimal in der Woche der ehelichen Pflicht nachzugehen.
Lassen wir uns nicht von der Statistik vorgeben, was normal ist und was nicht. Sexuelle Zufriedenheit bedeutet für die einen, mehrmals in der Woche miteinander zu schlafen, während sich andere mit einem Intimverkehr im Monat rundum glücklich fühlen. Nun liegen die Bedürfnisse, was die Häufigkeit des Geschlechtsverkehrs angeht, bei den allermeisten Paaren auseinander. In der Regel wünscht sich ein Partner mehr sexuelle Aktivitäten als der andere.

Häufig wollen Männer öfter als ihre Frauen. Dann hält sie ihn für eine biologische Bestie, die immer nur auf Sex aus ist. Er dagegen hat den Eindruck, dass sie durchaus zölibatär leben könnte, so selten zeigt sie lustvolle Anwandlungen. Damit ist der Konflikt vorprogrammiert.

Lassen Sie sich nicht von Statistiken vorgeben, was normal ist.

Dass immer nur die Männer das eine wollen und Frauen sexuell längst nicht so aktiv sind wie diese, entspricht einem alten Klischee. Frauen, die mehr wollen als ihre Männer, halten sich für unnormal und werden als nymphoman angesehen. Frauen, deren Sexualverlangen das ihrer Männer übersteigt, sind weder mannstoll noch exotische Ausnahmen. Sie sind genauso normal wie Männer, die mehr und öfter wollen.

Beide Partner müssen einen Weg finden, wie sie mit ihren unterschiedlichen Bedürfnissen umgehen können. Denn sonst erwachsen aus unterschiedlichem Sexualverlangen ernsthafte Beziehungsprobleme.

Was in den Flitterwochen so rosig mit gleicher Lust an der Lust begann, entwickelt sich im späteren Ehealltag zum ernsthaften Problem. Der eine will mehr, als der andere gibt. Im Laufe der ersten Ehejahre nimmt die Koitushäufigkeit ab. Der Kontaktrausch verfliegt und das aufregend Neue verblasst.

Daraus entwickeln sich relativ häufig negative Wechselwirkungen in der Partnerschaft, die Masters, Johnson und Kolodny treffend beschreiben: „Aber bei vielen Paaren fühlt sich dann häufig einer der Partner sexuell unterversorgt und der andere häufig von den scheinbar unersättlichen sexuellen Bedürfnissen des Gegenübers bedrängt und überfordert. Das Dilemma wird noch zusätzlich verschärft, indem die Person, die sich sexuell vernachlässigt fühlt, meistens ein übersteigertes Sexualverlangen verspürt, was wiederum eine stark negative Auswirkung auf die Person mit der geringeren Libido hat, weil diese die sexuellen Gedanken und Gefühle des Partners als eine Art Besessenheit und eine permanente Überforderung empfindet.“ [9]

Was können Sie tun, wenn Ihr sexuelles Verlangen stark differiert? Wie finden Sie mit Ihrem Partner trotz unterschiedlicher Bedürfnisse zusammen?

„Immer wenn er sagte, dass er abends frei hätte, fiel bei mir innerlich der Rollladen."

1. Setzen Sie sich nicht unter Druck!

Druck erzeugt Gegendruck. Liebe und Sex dürfen niemals erzwungen werden. Keiner darf den anderen zwingen, ihm zu willen zu sein. Unter Druck wird die „eheliche Pflicht" zur ehelichen Qual.
Als Partner mit dem größeren sexuellen Bedürfniss verzichten Sie auf vorwurfsvolle und anklagende Bemerkungen. „Du hast nie Lust!", „Wenn es dir nach ginge, würden wir nie mehr zusammen schlafen!", „Du schaffst es, dass ich mir wie ein kastrierter Kater vorkomme!"

Eine Ehefrau berichtete: „Immer wenn mein Mann mir beim Frühstück sagte, dass er am Abend keinen geschäftlichen Termin mehr hatte und wir Zeit für uns hätten, fiel bei mir innerlich der Rollladen. Ich wusste genau, dass er dann am Abend mit mir ins Bett wollte. Statt mich auf ihn zu freuen, habe ich den ganzen Tag mit Grauen daran gedacht, was mich abends erwarten würde. Ich habe dann häufig Ausreden gesucht, z. B. Kopfschmerzen vorgetäuscht, nur um nicht auf Befehl mit ihm schlafen zu müssen."
Inge, 59 Jahre

Was ist falsch gelaufen? Die Ehefrau hat seine Äußerung missverstanden. Er freute sich auf den gemeinsamen Abend mit ihr, sie dachte, er wolle nur Sex. Er wollte ihr eine gute Nachricht beim Frühstück mitteilen. Sie fühlte sich sofort unter Druck gesetzt. Er wollte ihr Gutes tun. Sie reagierte verletzt. Er suchte ihre Nähe. Sie flüchtete in die Kopfschmerzen. Sie hatte ihre Ruhe. Er fühlte sich im Stich gelassen.
Sicher wollte keiner den anderen verletzen und doch fühlten sich am Ende beide tief gekränkt.
Wenn Sie sich unter Druck gesetzt fühlen, müssen Sie darüber sprechen. Das hilft, Missverständnisse aufzuklären.
Wenn Sie Druck ausüben, weil sie mehr Sex wollen, erreichen Sie genau das Gegenteil. Wer fordert handelt kontaproduktiv. In dem Moment aber, wo Sie auf Druck verzichten, kommt Ihnen Ihr Partner einen Schritt entgegen.

2. Entscheiden Sie sich bewusst für die körperliche Liebe!
Sehen Sie die Kultivierung Ihrer sexuellen Aktivitäten nicht als Bedrohung, sondern als Bereicherung Ihrer Liebesbeziehung an. Je besser die Qualität in Ihrer Beziehung ist, umso leichter können Sie Diskrepanzen im Sexualverlangen bewältigen. Je schwieriger sich Ihre Beziehung gestaltet, umso problematischer wirken sich unterschiedliche Bedürfnisse nach Intimität aus. Wenn Sie Ihrem Partner gegenüber eine bewusst oder unbewusst feindselige Haltung einnehmen, schaffen Sie letztlich nicht Nähe und Intimität, sondern Abwehr und Distanz. Geben Sie sich einander sexuell hin, statt im Gegenüber einen Feind zu sehen, mit dem Sie Schlachten schlagen müssen.

3. Räumen Sie dem gemeinsamen Sex oberste Priorität ein!
Es gibt kein überzeugendes Alibi, um dauerhaft auf sexuelle Aktivitäten in der Partnerschaft zu verzichten.

„Aber damit niemand zur Unzucht verleitet wird, ist es besser, wenn jeder Mann seine Frau und jede Frau ihren Mann hat. Der Mann soll seine Frau nicht vernachlässigen, und die Frau soll sich ihrem Mann nicht entziehen, denn weder die Frau noch der Mann dürfen eigenmächtig über ihren Körper verfügen; sie gehören einander. Keiner soll sich dem Ehepartner verweigern, es sei denn, beide sind eine Zeit lang bereit, auf den ehelichen Verkehr zu verzichten, weil sie für das Gebet frei sein wollen. Danach kommt wieder zusammen, damit euch der Satan nicht in Versuchung führen kann, weil ihr euch nicht enthalten könnt."
1. Korinther 7,2-5 nach Hoffnung für alle

Paulus nennt drei Bedingungen, die Ihnen als Paar sexuelle Enthaltsamkeit gestattet:
Erstens: Sie müssen sich darin einig sein, auf Geschlechtsverkehr zu verzichten.
Zweitens: Sie nutzen die sexfreie Zeit zum Gebet.
Drittens: Sie üben zeitlich begrenzt sexuelle Enthaltsamkeit.

Partnerschaftliche Sexualität gehört wesenhaft zu Ihrer Ehe. Es gibt keinen legitimen Beweggrund, auch keine religiösen Motive, um dauerhaft wie Bruder und Schwester zusammen zu leben.

Der dauerhafte Verzicht auf körperliche Liebe kann psychische Folgen haben.

Der Apostel warnt vor den teuflischen Versuchungen, die Sexverzicht in der Ehe mit sich bringen kann. In der Paarberatung erlebe ich, wie blauäugig manche Ehemänner oder Ehefrauen sexuelle Enthaltsamkeit bewerten. Ich frage den Partner, der keine sexuellen Aktivitäten wünscht, gezielt danach, was er glaube, wie sein Partner sich sexuelle Befriedigung verschaffe. Er muss sich bewusst werden, dass sein passives Verhalten die Liebesbeziehung verletzt. Der andere wird empfänglich für außerehelichen Sex oder er flüchtet in die Selbstbefriedigung. Sexuelle Abstinenz löst keine Probleme, sondern schafft neue.

Die Folgen dauerhafter sexueller Abstinenz können sich bei sexuell sehr aktiven Menschen psychisch belastend auswirken. Starke innere Spannungen, Reizbarkeit, depressive Verstimmungen und neurotische Störungen können die Folge sein. Ungestillte Lust führt auf Dauer zu unbändigem Frust. Der Vernachlässigte entwickelt enorme Aggressionen, weil er sich in seinen sexuellen Bedürfnissen bedroht fühlt. Wer nicht bekommt, was er braucht, reagiert wütend. Das Eheklima wird zusehends vergiftet.

Machen Sie sich bewusst:
Wenn Sie sich dauerhaft Ihrem Partner körperlich entziehen, machen Sie sich an ihm und Ihrer Ehe schuldig.
Dass Ihre Ehe mit den Jahren in die Jahre gekommen ist und Sie den erotischen Rückwärtsgang eingelegt haben, kann passieren. Wenn sich Ihre erotische Liebe rückwärts gewandt entwickelt hat, können Sie gemeinsam wieder den Vorwärtsgang einlegen. Saure-Gurken-Zeiten in der Erotik müssen kein unabänderliches Schicksal sein, das Sie kampflos hinnehmen. In jeder Wüste erblüht neues Leben, wenn sie bewässert wird.

4. Verzichten Sie auf faule Ausreden!

Die Hitliste an Ausflüchten ist lang. Ob Kopfschmerzen und Migräne, Unwohlsein, Stimmungstief, unserer Phantasie für Scheingründe sind keine Grenzen gesetzt. Faule Ausreden können auch in frommem Gewand daher kommen. Die Angst vor intimer Nähe wird mit Scheinargumenten begründet. „Als Christen sollen wir unsere sexuelle Leidenschaften zügeln. Wer richtig glaubt, darf seinen Bedürfnissen nicht nachgeben!"

Wenn Sie Ihren Partner beschwindeln, belasten Sie das eigene Gewissen und verhindern, dass sich etwas zum Positiven verändert. Wenn Sie beispielsweise Kopfschmerzen schauspielern, tragen Sie dazu bei, dass sich die Beziehung verschlechtert. Ehrlichkeit aber schafft Möglichkeiten. Gestehen Sie die eigene Lustlosigkeit vor dem Partner ein. Geben Sie sich eine Chance, offen und ehrlich darüber zu sprechen, was Ihre Lust auf partnerschaftliche Intimität hindert.

Wenn Sie spüren, dass der Partner jetzt gerne Sex hätte, müssen Sie nicht abblocken. Sie können zum Beispiel sagen: „Im Augenblick ist mir nicht danach, dass wir zusammen schlafen, aber ich genieße deine Nähe und Zärtlichkeit." „Ich verspüre im Moment kein sexuelles Bedürfnis. Ich würde gerne mit dir kuscheln. Es kann sein, dass ich dann auch in Stimmung komme."

So können Sie einander offen und verständnisvoll signalisieren, wie Ihnen zumute ist, ohne den Partner zu verletzen. Sprechen Sie mangelnde Lust aus, ohne Intimität kategorisch auszuschließen.

5. Entwickeln Sie Ihre erotische Geheimsprache!

Durch kleine positive Signale können sich Liebende zu verstehen geben, dass sie sich nach sexueller Nähe sehnen. Wenn der Mann am Nachmittag von der Arbeit nach Hause kommt und bemerkt, dass seine Frau die Heizung im Schlafzimmer angestellt hat, weiß er, dass sie durchaus für einen leidenschaftlichen Tagesausklang offen ist. Ein kleines erotisches Geheimzeichen macht Mann und Frau zu Verbündeten. Eine Frau schenkt ihrem Schatz immer dann ein Päckchen Streichhölzer, wenn sie sich wünscht, dass er sie anmacht. Wenn er mit bewundernden Blicken seine Frau zu streicheln beginnt, weiß sie, dass er ihr hautnah kommen möchte. Durch kleine erotische Zeichen tragen Sie dazu bei, dass dem anderen ein Licht aufgeht. Wenn Sie spüren, dass Ihr Partner nicht immer ganz abgeneigt ist, können Sie besser mit sexuellen Flautenzeiten umgehen.

Kleine Signale am Tag können einen leidenschaftlichen Beginn der Nacht bewirken.

6. Ergreifen Sie die Initiative zu sexuellen Aktivitäten!

Wer sagt eigentlich, dass immer die Männer die Initiative ergreifen müssen? Vielleicht fällt es Frauen noch etwas schwerer, ihre erotischen Bedürfnisse zu zeigen. Dabei wünschen sich viele Männer, dass ihre Partnerin auch einmal den Anfang zu einem erotischen Date macht. Wenn das Mäuschen im Schlafzimmer im letzten Monat nichts Verdächtigeres beobachtet hat als einen artigen Gute-Nacht-Kuss, muss das nicht so bleiben.
Warum nicht auch als Frau die Intitiative ergreifen, statt auf die Annäherungsversuche des anderen zu warten? Und als Mann können Sie es Ihrer Frau leicht machen, sexuell aktiv zu werden, indem Sie für eine ungestörte, harmonische Stimmung sorgen.
Jede positive erotische Erfahrung verstärkt den Wunsch nach Wiederholung. Manches Ehepaar erlebt den erotischen Kick und fragt sich: „Es war gerade so schön mit dir – warum tun wir es eigentlich nicht öfter?"

7. Leisten Sie erotische Detektivarbeit!

Es gibt einen einfachen Schlüssel, wie Sie das erotische Potential des anderen neu entfachen können. Zunächst müssen Sie mit detektivischer Neugierde herausfinden, auf welche Signale der Liebe Ihr Partner anspricht.

Wissen Sie eigentlich, was er sich wünscht? Welche Gesten geben ihm das Gefühl, liebenswert und begehrenswert für Sie zu sein? Was Ihnen selber gefällt, wissen Sie. Aber Ihre Bedürfnisse und die des anderen sind nicht automatisch dieselben. Warum hat die Lust an der Liebe beim Partner spürbar nachgelassen? Liegt es an der eintönigen Erotik, die Sie bevorzugt haben?

Wenn Sie beispielsweise als Ehefrau schon genau wissen, dass jeden zweiten Samstag nach Krimi, Sportstudio und Badewanne Sex angesagt ist, wird Sie das kaum erotisch beflügeln. Dass Sie auf zweimal zehn Minuten Erotik im Monat mit Lustlosigkeit antworten, ist mehr als verständlich.

Was sind Ihre „Signale der Liebe"? Worauf spricht Ihr Partner an?

Wenn unberücksichtigt bleibt, was Ihnen gefällt, geht die Liebe mehr und mehr schlafen. Vielleicht haben Sie als Mann keinen blassen Schimmer, was Ihre Frau sich wünscht. Als lernfähiger Liebhaber können Sie das ändern, indem Sie herausfinden und umsetzen, was Ihre Partnerin stimuliert. Sie können die eingeschlafene Liebe Ihrer Frau neu aufwecken.

Zum Beispiel, indem Sie sich den Tag über „gentlemenlike" verhalten. Ob abends was passiert, entscheidet sich schon morgens beim Frühstück: ein fertig gedeckter Frühstückstisch mit frischen Brötchen und Komplimenten, ein netter Anruf von der Arbeit aus: „Ich wollte dir nur sagen, wie glücklich ich bin, dass wir zusammengehören!", ein Zettel mit einer liebenswerten Schmeichelei, den Ihre Frau bei der Hausarbeit findet, ein warmer Begrüßungskuss. Manche Frau empfindet es als großartige Liebeserklärung, wenn ihr Mann zu Staubsauger und Geschirrtuch greift, um sie im Haushalt zu entlasten. Wenn Sie es verstehen, ihre Seele zu erwärmen, wird ihr Körper nicht kühl bleiben.

Und als Frau können Sie sein erotisches Potential wieder beleben durch das, was ihm gefällt. Ziehen Sie sich für ihn appetitlich an, weckt das seinen erotischen Hunger. Sagen Sie ihm lobende und anerkennende Worte: „Ich bin stolz auf das, was du heute geschafft hast", bauen Sie nicht nur sein Selbstvertrauen auf.

Für Sie als Mann wie als Frau gilt: Fühlt sich Ihr Partner von Ihnen geliebt, wird er sich für ein aktiveres Liebesleben neu öffnen. Solange er sich aber weiter ungeliebt fühlt, friert seine Seele. Die Erotik liegt weiter auf Eis.
Die beiden amerikanischen Therapeuten Gary Chapman und Ross Campbell haben in ihrer Arbeit mit Paaren und Kindern fünf Sprachen der Liebe herausgearbeitet. [10] Jeder Mensch verfügt über eine Art Liebes- oder Gefühlstank. Ist dieser Tank gefüllt, fühlt sich der Mensch angenommen und geliebt. Jedes Kind und jeder Erwachsene ist auf seine ganz persönliche Art empfänglich für die Liebesbezeugungen anderer. Die Autoren haben fünf verschiedene Kategorien entdeckt, in die sich die Liebesempfänglichkeit jedes Menschen, ob Kind oder Ehepartner, einteilen lässt. Sie lauten:

„Ich streichle dich!"
Nichts vermittelt Ihrem Partner so sehr das Gefühl, geliebt zu werden, wie körperliche Zärtlichkeiten.

„Ich lobe dich!"
Durch Koseworte, ermutigende Anerkennung, Komplimente, schöne Worte wecken Sie das Empfinden des anderen, wertvoll zu sein.
Umgekehrt entleert jede verletzende kritische Bemerkung den Liebestank auf dramatische Weise,

„Ich bin ganz für dich da!"
Ungeteilte Zuwendung und Aufmerksamkeit kennzeichnen diese Sprache der Liebe. Es ist nicht so entscheidend, was Sie mit dem Partner unternehmen, sondern dass Sie sich ihm ungeteilt widmen.

„Ich schenk dir was!“
Kleine Geschenke erhalten Freundschaft und Liebe lebendig. Sie beweisen dem anderen, wie gern Sie ihn haben. Geschenke, die Sie phantasievoll für ihren Empfänger ausgesucht haben, sprechen eine deutliche Sprache der Liebe.

„Ich helfe dir!“
Kleine Liebesdienste empfindet Ihr Partner als starke Liebesbeweise. Statt großer Worte zeigen Sie durch hilfsbereite Gesten, wie wertvoll er Ihnen ist.

Was den einen Partner anspricht, kann den andern kalt lassen. Jeder verfügt über seine ganz persönliche Sprache der Liebe, auf die er reagiert. Damit sich Ihr geliebter Partner auch wirklich geliebt fühlt, müssen Sie seine Sprache der Liebe herausfinden. Was geht ihm mehr als alles andere prickelnd unter die Haut? Womit können Sie sein Herz besonders gut erwärmen?
Beginnen Sie damit, die fünf Sprachen der Liebe in der Partnerschaft zu buchstabieren. So finden Sie zielsicher heraus, wie Sie die Liebesglut neu entflammen können.

Die Liebe lebt von liebenswürdigen Kleinigkeiten.
Theodor Fontane

Der Treuebruch und der Seitensprung

Seitensprünge passieren nicht nur Politikern.

Die ganze Welt erregte sich mit voyeuristischem Vergnügen über die Sex-Affäre des amerikanischen Präsidenten. Bill Clinton, oberster Staatsmann der Vereinigten Staaten, wurde einer außerehelichen Affäre mit der Praktikantin im Weißen Haus, Monica Lewinsky überführt. Ein folgenschwerer Seitensprung. Clinton, politisch schwer angeschlagen, musste öffentlich Reue zeigen und Lügen eingestehen. Ehefrau Hillary, obwohl betrogen und gedemütigt, stand zu ihrem Mann wie ein Fels in der Brandung. Die junge Praktikantin konnte trotz verletzter Gefühle und enttäuschter Hoffnungen finanzielles Kapital aus der verhängnisvollen Äffäre von Sex und Lügen schlagen.

Was im Licht der Öffentlichkeit medienwirksam enthüllt wurde, wiederholt sich täglich millionenfach im Verborgenen. Außereheliche Beziehungen, Seitensprünge und Untreue gehören zur Tagesordnung im Beziehungsalltag der Geschlechter. Ungezählte Ehen zerbrechen im Wechselspiel der Gefühle, wenn die Untreue publik wird.

Nach einer Umfrage des Allensbacher Meinungsforschungsinstituts verlangen 80 Prozent der Frauen und 82 Prozent der Männer unbedingte Treue in der Partnerschaft. Das Eheversprechen als Treueversprechen steht hoch im Kurs. Die Beziehungsrealität sieht dagegen ernüchternd aus.

So geht die Journalistin Isabelle Hommel vom Treuebruch als Normalfall aus. „Etwa 70 Prozent der deutschen verheirateten Bevölkerung sind derzeit ihrem Partner untreu.“ [11]

Was mit dem Versprechen ewiger Treue vor dem Traualtar begonnen hat, endet nicht selten in der Scheidungskatastrophe. Wenn die Ehe bricht, zerplatzen Träume, geht die Beziehung in Trümmer,

pervertiert Liebe in Hass. Ehebruch hinterlässt immer einen bitteren Nachgeschmack. Untreue kennt letztlich keine Gewinner, nur Verlierer.
Aus meinen Erfahrungen in der Eheseelsorge und -therapie bin ich davon überzeugt, dass letztlich keine Partnerschaft vor Untreue sicher ist. Es kann jeden treffen.
Der englische Literaturprofessor C. S. Lewis schrieb treffend: „Die Hölle ist außerhalb des Himmels der einzige Ort, wo wir vor den Gefahren der Liebe sicher sind.“ [12]

Die Treue ist der Sieg über die Zeit.
G. Marcel

Die sexuelle Beziehung ist der intimste Bereich unserer Partnerschaft und damit zugleich der zerbrechlichste. Leidenschaftliche Erotik schweißt uns zusammen. Mit ihr drücken wir Vertrauen und Liebe aus. Sie beglückt und erfüllt die Partnerschaft, wenn sie angemessen gebraucht wird. Sex kann unsere Liebe vertiefen oder sie auseinander reißen. Wenn wir unsere Sexualität missbrauchen, macht sie unglücklich und treibt uns auseinander. Leidenschaftliche Erotik kann aufbauen oder zerstören. Darum stellt Gott die eheliche Treuebeziehung unter einen besondern Schutz. Im sechsten Gebot der Bibel heißt es: „Du sollst nicht ehebrechen.“ Die Gute Nachricht übersetzt: „Zerstöre keine Ehe!“ (2. Mose 20,14).
Nach biblischem Verständnis ist die Ehe eine Personengemeinschaft. Aus zwei unterschiedlichen Menschen, aus Mann und Frau, erwächst eine Ehe, eine Partnerschaft und ein Fleisch. Eins und eins gleich wir! Mit der Ehe hat Gott das beste Modell erfunden, in dem partnerschaftliches Leben gelingen kann.
Durch das eheliche Treueversprechen mit öffentlichem und rechtlich bindendem Charakter erhält die partnerschaftliche Liebe den schützenden Rahmen, den sie braucht. Keiner darf von außen in die geschützte Partnerschaft einbrechen. Keiner darf aus der Ehe ausbrechen. Sie schützt uns nach außen und innen. Wir gehören zusammen und leben unsere Liebe exclusiv in allen Facetten.

Ehebruch hat viele Gesichter

Außereheliche Sexualität zeigt sich in vielen verschiedenen Erscheinungsformen. Dabei lassen sich unterschiedliche Typen der Untreue erkennen, die sich in Dauer, Funktion und Motivation unterscheiden: Die Motive, eine Außenbeziehung einzugehen unterscheiden sich zwischen Männern und Frauen. Männer suchen eher das sexuelle Abenteuer, während Frauen stärker ihre emotionalen Bedürfnisse stillen wollen. Die aufgezeigten Varianten des Ehebruchs treffen auf Männer wie Frauen gleichermaßen zu.

Der situationsbedingte Seitensprung

Auslöser für den Seitensprung ist eine günstige Gelegenheit, bei der nicht selten eine bierselige Stimmung die entscheidende Rolle spielt. Ob beim Betriebsausflug, dem Date mit einem früheren Partner oder in lockerer Urlaubsatmosphäre, die versuchliche Situation führt zum Seitensprung. In der Regel handelt es sich dabei um kurzfristige Affären, die von leidenschaftlichem Sex, weniger von tiefergehenden emotionalen Erwartungen bestimmt werden. Im Vordergrund steht das prickelnde Erlebnis eines sexuellen Abenteuers.

Die Ersatzbeziehung

Typisch für diese Form der längerfristigen außerehelichen Beziehung ist ihre Funktion als Partnerersatz. Die Außenbeziehung tritt in gefährliche Konkurrenz zur Ehe. Eine Frau, die sich in ihren emotionalen Bedürfnissen innerhalb ihrer Ehe völlig vernachlässigt fühlt, geht eine Beziehung ein, von der sie sich all das erhofft, was sie bei ihrem Ehemann nicht findet. Neben der Bestätigung, als Frau begehrenswert zu sein, sucht sie gefühlvolle Nähe und Zuwendung. Ersatzbeziehungen dauern oft länger als ein halbes Jahr. Sie besitzen eine andere Beziehungsdynamik als flüchtige sexuelle Abenteuer. Ersatzbeziehungen gefährden die Ehe, weil sie von Verliebtheitsgefühlen und romantischen Empfindungen bestimmt werden. Sie lassen sich nicht auf Dauer verheimlichen und münden nicht selten in der totalen Beziehungskatastrophe mit Scheidung, Suizidversuchen und psychischer Kapitulation.

Die Eroberung

Signifikant für diese Form des Ehebruchs ist die zugrunde liegende Motivation. Oft suchen Männer den besonderen Kick, indem sie eine Frau um jeden Preis erobern wollen. Gelingt es, betrachten sie ihre außereheliche Eroberung als Trophäe, die sie in ihrem männlichen Selbstwertgefühl bestärkt.

Der Seitensprung aus Rache

Hier liegt die Motivation auf der Hand. Der Ehebrecher will sich an seinem Partner rächen. Durch außerehelichen Sex übt er Vergeltung für erlittenes Unrecht. Zum Beispiel reagiert ein betrogener Ehemann tief verletzt auf den gebeichteten Seitensprung seiner Frau. Voller Aggressionen und wilder Rachegelüste entschuldigt er den anschließenden und von ihm inszenierten Ehebruch mit dem Treuebruch seiner Frau. Beim Seitensprung aus Rache geht es nicht in erster Linie um sexuelle Erfüllung, sondern darum, den Partner zu demütigen und zu verletzen. Der Verletzte tut alles, um wieder zu verletzen und schreckt auch vor ehebrecherischen Mitteln nicht zurück.

Der Seitensprung mit Einverständnis des Partners

Die Motive sind hier sehr vielschichtig. Der erkrankte oder behinderte Partner willigt ein, dass der gesunde seine sexuellen Bedürfnisse bei einem Dritten stillen darf. Ein Paar kommt darin überein, mit einem anderen Paar Partnertausch zu üben. Hier geschieht nichts heimlich, sondern in gegenseitiger Zustimmung. In den Medien werden Swingerclubs als legitime Spielwiese für außerehelichen Sex propagiert. Der Reiz von außerehelicher Sexualität gesch-ehe ja nicht heimlich, so die Befürworter, und deshalb handele es sich auch nicht um Untreue. Sexualtherapeuten weisen darauf hin, dass in der Realität oft Druck ausgeübt wird: „Wenn du nicht mitmachst, werde ich dich eben hinter deinem Rücken betrügen!“ Partnertausch oder Gruppensex wird erzwungen. Eifersucht, verletzte Würde und tiefe Beziehungskrisen sind häufige Folge dieser Kategorie von Untreue.

Bisexuelle Beziehungen

Homosexuell empfindende Männer, die eine Alibi-Ehe eingegangen sind, fühlen sich zu anderen Männern sexuell hingezogen und leben ihre Neigungen außerhalb der ehelichen Partnerschaft aus. Aber auch Neugierde oder bisexuelle Empfindungen führen zu homosexuellen Kontakten. Männer sind hiervon deutlich stärker betroffen als Frauen.

Nach einer Befragung von mehr als 500 Frauen und Männern, die außereheliche Beziehungen eingegangen waren, sahen nur 70 Prozent darin den Tatbestand des Ehebruchs erfüllt. Langfristige außereheliche Verhältnisse wurden dagegen von 98 Prozent der Befragten als Ehebruch angesehen.

In den Gedanken und Gefühlen wird der Ehebruch langsam vorbereitet.

Wenn es um Untreue in der Ehe geht, hilft scheinbar vielen eine verharmlosende Begriffskosmetik. Aus dem Ehebruch wird ein amouröses Abenteuer, aus dem Treuebruch ein prickelndes Abenteuer, aus dem Verrat am Partner eine heimliche Äffäre. Jede Form von Treuebruch ist Ehebruch.

Außerehelicher Sex verfehlt das Ziel partnerschaftlicher Sexualität und ist damit im biblischen Sprachgebrauch Zielverfehlung und Sünde. Das vielfach gebrauchte Argument, der Seitensprung habe die Ehe neu belebt, mag subjektiv für den Betrüger richtig sein, für den Betrogenen allerdings ist und bleibt es ein schwerwiegender Treuebruch.

Der passiv aggressive Ehebruch

Hierzu zählen Verhaltensweisen, die zwar keine direkte sexuelle Komponente besitzen, aber dennoch den Treuebund der Partner gefährden. Auch ohne dass der Ehepartner mit einem Dritten im Bett landet, hintergeht er den anderen.

Wer beispielsweise über Tage oder Wochen seinem Ehegefährten eiskalt wie eine Hundeschnauze begegnet, wer sich in aggressives Schweigen hüllt und jedes Gespräch abblockt, verhält sich ehebrecherisch destruktiv. Fallen Bemerkungen gegenüber Kindern oder Freunden wie: „Hätte ich doch nur diesen schrecklichen Kerl nie geheiratet", wird der Stab über dem anderen gebrochen.

Ebenso entzweit ein sich sexuell verweigernder Partner das Ehefun-

dament und treibt den anderen damit regelrecht in die Arme eines Dritten.
Wenn der Chef mit seiner Sekretärin in vertrautem Ton Dinge erzählt, die er schon lange nicht mehr mit seiner Ehefrau bespricht, begeht er sozialen Ehebruch. Denn sein Verhältnis zur Sekretärin gestaltet sich intimer als zur eigenen Partnerin.
Wer dem Ehepartner beständig in den Rücken fällt, weil er die Beziehung zur Mutter, zu den Kindern, zur Arbeit, zum Verein oder der Kirchengemeinde der partnerschaftlichen Beziehung vorzieht, fügt seiner Partnerschaft einen gefährlichen Knacks zu. Wer sich als drittes Rad am Wagen der Familie fühlt, schleicht sich nicht selten aus der Ehe.

Für alle Facetten des Ehebruchs gilt: In Gedanken und Emotionen wird der Boden bereitet für das, was letztlich in der ehebrecherischen Tat mündet. Darum hat Jesus das sechste Gebot in der Bergpredigt zugespitzt: „Wie ihr wisst, heißt es im Gesetz: Du sollst nicht die Ehe brechen! Ich sage euch aber: Schon wer eine Frau mit begehrlichen Blicken ansieht, der hat im Herzen mit ihr die Ehe gebrochen“ (Matthäus 5,27-28).
Ehebruch beginnt im Kopf. Aus dem zufälligen Blick auf eine attraktive Frau wird ein interessierter Blick. Sehnsüchtige Gedanken erwachen. Begehrlichkeiten kommen hoch und reifen zur Tat. Jesus lokalisiert die Ursachen für Untreue nicht in den günstigen Gelegenheiten, sondern im Herzen des Menschen. Von hier aus bahnt sich treuloses Verhalten seinen zerstörerischen Weg.
Wenn wir nach den Beweggründen fragen, warum Frauen und Männer aus ihrer Partnerschaft ausbrechen und außereheliche Affären suchen, stoßen wir auf sehr unterschiedliche Ursachen. Dabei weichen die Beweggründe der Männer deutlich von denen der Frauen ab.

Seitensprungmotive bei Männern

Männer reagieren deutlich stärker auf visuelle Reize. Was sie sehen, macht sie an. Der knappe Minirock, die enge Jeans oder die durchsichtige Bluse setzen das Karussell sexueller Begierde in Bewegung. Nach ihren Motiven für eine außereheliche Beziehung befragt, wurden bei einer Umfrage unter 200 verheirateten Männern folgende Beweggründe genannt (Mehrfachnennungen waren möglich [13]):

Sexuelle Abwechslung und Erlebnissteigerung	74%
Eine größere Häufigkeit der sexuellen Aktivität	59%
Eine bestimmte Art der sexuellen Stimulation, der sich die Ehefrau verweigert	31%
Eine attraktivere oder jüngere Partnerin	28%
Der Versuch, eine sexuelle Dysfunktion in den Griff zu bekommen	12%
Eine körperliche Behinderung der Ehefrau	2%
Sex mit einem anderen Mann	2%

Im Vordergrund für den vom Mann inszenierten Ehebruch stehen eindeutig rein sexuell ausgerichtete Motive. Er sucht mehr das berauschende Erlebnis sexueller Befriedigung, als emotionale Nähe und Geborgenheit.

Beim Treue-Test fällt fast jeder Mann durch

Der schönen Vicky gehen alle ins Netz

LOS ANGELES DPA. Ihr Chef nennt sie einen „Knockout" – das heißt, sie ist einfach umwerfend. Und das ist ihr Job. Die Norwegerin (23) mit dem weißblonden Haar und dem sexy Akzent ist der Star der Firma Fidelity in Laguna Niguel / Kalifornien. Wer misstrauisch ist, weil der Gatte plötzlich ständig Überstunden macht, nach fremdem Parfüm duftet oder ungewöhnlich häufig mit Blumen nach Hause kommt, schaltet Fidelity ein. Die Firma setzt ihre schönen Köder ein – beim Tennis, auf dem Golfplatz oder an der Bar. 350 Dollar kostet so ein Treue-Test. Unglaublich: Bei mehr als 40 Aufträgen wurde nur ein Mann nicht schwach. Und wie steht es mit der Treue der Frauen? Die wenigen, auf die ein „Bilderbuch-Mann" angesetzt wurde, blieben standhaft wie ein Fels in der Brandung.

(Meldung in der Rheinzeitung vom 12.04.97)

Seitensprungmotive bei Frauen

Der Treuebruch beginnt bei Frauen zwar auch im Kopf, aber weniger ausgelöst durch eindeutig sexuelle Reize als durch unerfüllte emotionale Bedürfnisse.

Aus einer Statistik der Gesellschaft für Rationale Psychologie gehen folgende Motive hervor
(Mehrfachnennungen waren möglich [14]):

Die Sehnsucht, begehrt zu werden	42%
Der Wunsch nach neuen sexuellen Erfahrungen	33%
Das Bedürfnis nach Abwechslung	30%
Der eigene Mann reizt nicht mehr	29%
Neugierde	22%
Einsamkeit in der Partnerschaft	20%
Liebloser Mann	16%
Ärger über den Mann und der Wunsch sich zu rächen	16%

Hinter jeder ungestillten Sehnsucht steckt die heimliche Suche nach Liebe. Wer glaubt, sie innerhalb der eigenen Partnerschaft nicht stillen zu können, erhofft sich die große Liebe von einem fremden Dritten. Nicht wenige Therapeuten argumentieren, dass eine außereheliche Affäre positive Effekte mit sich bringt. Sie könne die partnerschaftliche Sexualität neu beleben, das Selbstvertrauen stärken und zur Persönlichkeitsreifung beitragen. Ihnen halte ich entgegen, dass der Preis, den alle Beteiligten bezahlen, den Gewinn weit übersteigt.

Ehebruch lohnt sich nicht. Aus meiner Beratungspraxis kenne ich keinen Fall, bei dem ein Seitensprung oder eine Nebenbeziehung nicht zu Verletzungen, Schuldgefühlen und Persönlichkeitskrisen geführt hätte. Dabei geht von den unterschiedlichen Spielarten des Seitensprungs natürlich ein unterschiedliches Gefährdungspotential für die feste Partnerschaft aus.

Ein One-night-stand, eine Liebesaffäre für eine Nacht, ist anders zu bewerten als eine sich über Jahre hinziehende außereheliche Beziehung. Beim Thema Untreue geht es aus meiner Sicht um zwei grundlegende Fragen: Wie können wir als Paar einem Seitensprung vorbeugen? Wie gehen wir als Paar damit um, wenn es zum Ehebruch gekommen ist?

Prävention

Innere Entfremdung schafft Fremdgänger. Besser wir gestalten unsere Liebe abwechslungsreich, als dass wir außerhalb nach Abwechslung suchen. Wird die innere Treuebeziehung gepflegt, bleibt die äußere Treuebeziehung stabil. Innere Treue meint ein ganzheitliches Treueverhältnis, das Geist, Seele und Körper einschließt. Ein umfassendes Treueklima beugt Treulosigkeit vor.

Wer sich entfremdet wird zum Fremdgänger.

Treue drückt eine Einstellung zum Partner und zur Ehe aus, die sagt:
- „Ich stehe zu dir, wie du bist!"
- „Ich vertraue dir bedingungslos!"
- „Ich bin für dich da in großen und kleinen Dingen."
- „Ich will, dass du glücklich mit mir bist."

Je stabiler Sie Ihre Liebe gestalten, umso weniger bekommt sie einen Knacks, der zum Ehebruch führen kann. Für lebenslange Treue gibt es keine Garantie. Aber Ihre Bereitschaft, an Ihrer Beziehung zu arbeiten, Konflikte auszutragen, Bedürfnisse anzusprechen, Sexualität partnerschaftlich auszuleben, verringert das Risiko, aus der Beziehung auszubrechen. Wenn Sie erst nach einem gebeichtetem Seitensprung erkennen, wo die Defizite in der Partnerschaft liegen, kann es unter Umständen zu spät sein. Darum dürfen alarmierende Zeichen nicht übersehen werden.

Es gibt Situationen, da hilft nur eines: die Flucht ergreifen. Die Bibel schildert ein anschauliches Beispiel für diese Form der Prävention. Josef, ein junger Israelit, wird als Mitarbeiter im Haus eines hoch gestellten ägyptischen Hofbeamten namens Potifar angestellt. Josef verfügt über Intelligenz und einen Traumbody. Das entgeht auch der Frau seines Chefs nicht. Eines Tages geht sie Josef an die Wäsche und startet eine erotische Verführung mit allem drum und

Wer sich in Gefahr begibt, kann darin umkommen.

dran. Josef respektiert die Ehe seines Chefs und Gottes Gebot. Die Situation spitzt sich zu, als Frau Potifar in ihren sexuellen Avancen eine günstige Gelegenheit nutzt, um ihn ins Bett zu kriegen. Sie greift nach seinem Gewand. Josef aber reißt sich los und flieht mit nackter Haut, statt der verlockenden Versuchung endlich nachzugeben.

Wenn Sie sich in Gefahr begeben, können Sie darin umkommen. Wenn Sie die Notbremse nicht rechtzeitig ziehen, fahren Sie Ihre Ehe zu Schrott. Sie ergreifen besser die Flucht vor der Verführung, als ihr schließlich nachzugeben. Im schwülen Klima der Versuchung gibt es einen „point of no return".

Wechseln Sie lieber den Arbeitsplatz, als dass Sie den Annäherungsversuchen Ihres Chefs erliegen. Nehmen Sie lieber klare Einschnitte in Freundschaften vor, als dass Sie in eine verhängnisvolle Affäre verstrickt werden.

Aber auch eine schwere Krise beinhaltet für Sie die Chance zu einem Neuanfang. Was zerbrochen ist, kann heilen. Ehebruch lässt sich nicht ungeschehen machen. Aber was in der Beziehung weiter geschieht, liegt in Ihrer beiderseitigen Verantwortung. Der Weg, den das Evangelium weist, ist der heilsamen Weg von Versöhnung und Vergebung. Auf ihm kann Ihre zerbrochene Beziehung eine neue Zukunft finden.

Gegenseitige Vergebung stellt an Sie und Ihren Partner große Anforderungen. Der Betrüger und der Betrogene müssen bereit sein, sich dem Treuebruch zu stellen und gemeinsam den Weg vergebender Aufarbeitung zu beschreiten. Wenn Sie sich auf den Prozess von Vergebung und Versöhnung einlassen, müssen Sie mehrere Schritte wagen:

1. Glauben Sie daran, dass wirkliche Vergebung möglich ist.

Da schleppten die Schriftgelehrten und Pharisäer eine Frau heran, die beim Ehebruch ertappt worden war, stießen sie in die Mitte, damit jeder sie sehen konnte, und sagten zu Jesus: „Diese Frau wurde beim Ehebruch überrascht. Wenn wir das Gesetz des Mose befolgen wollen, müssen wir sie steinigen. Was meinst du dazu?" Das war eine Fangfrage. Sie suchten nämlich nach einem Anlass, um Jesus anklagen zu können. Aber Jesus schien gar nicht auf ihre Frage zu achten; er bückte sich und schrieb mit seinem Finger auf die Erde. Als sie hartnäckig nach einer Erklärung verlangten, richtete er sich auf und sagte: „Nun, steinigt sie! Aber den ersten Stein soll der werfen, der selbst noch nie gesündigt hat!" Dann bückte er sich nieder und schrieb weiter auf die Erde. Als erstes gingen die Ankläger. Dann schlichen sich auch alle übrigen stillschweigend davon – einer nach dem andern. Schließlich war Jesus mit der Frau allein. Da stand er auf und fragte sie: „Wo sind jetzt deine Ankläger? Hat dich denn keiner verurteilt?" „Nein, Herr", antwortete sie. „Dann will ich dich auch nicht verurteilen", entgegnete ihr Jesus. „Geh, aber sündige nicht noch einmal!" (Johannes 8,3-11)

Keiner ist schuldlos, keiner darf mit Steinen werfen.

Keiner ist schuldlos, deshalb darf keiner mit Steinen werfen. Niemand darf verurteilen, der selber unter Gottes Urteil steht. Im Blick auf ehebrecherische Gedanken und Taten gibt es keinen Menschen

unter der Sonne, der eine blütenweiße Weste hat. Wer mit dem Finger auf den Ehebruch des anderen zeigt, ist blind für die eigene Treulosigkeit. Der einzige, der die Ehebrecherin verurteilen kann, Christus, tut es nicht. Er spricht sie frei von ihrer Schuld, ohne dass er ihre Tat entschuldigt. Jesus spricht ihr Vergebung zu und eröffnet ihr eine neue Lebensmöglichkeit der Treue.
Wagen Sie es, mit Jesus Christus oder einem Menschen Ihres Vertrauens darüber zu sprechen, was Sie getan haben. Erzählen Sie beispielsweise einem Seelsorger davon, wo Sie verletzt haben oder verletzt wurden.

2. Stellen Sie sich rückhaltlos zu Ihrer konkreten Schuld, ohne sie zu beschönigen oder die Schuld auf andere zu schieben.

Details und beständige Nachfragen können die Wunden nur noch vertiefen.

Fast immer kommt mit dem Seitensprung ein Geflecht von Lügen und Täuschungen ans Licht. Der Partner fühlt sich dann nicht nur sexuell hintergangen, sondern belogen und getäuscht. Bevor die Bombe platzte, wussten Kollegen, Bekannte und Nachbarn schon längst Bescheid. Der Hintergangene hat das Gefühl, erst als letzter davon erfahren zu haben. Es kommt zum Eklat. Wenn Sie fremdgegangen sind, stellen Sie sich dazu, was Sie Ihrem Partner zugefügt haben. Damit ist der Weg frei für Waffenstillstand und Frieden. Sie dürfen sich keinesfalls weiter in Lügen und Halbwahrheiten flüchten, sondern müssen vom Lügenkarussell abspringen.
Wenn Sie betrogen wurden, wollen Sie möglicherweise alle Einzelheiten über die Außenbeziehung erfahren. Was haben sie gesprochen, welche Art von Sexpraktiken wurden geübt, war der Dritte besser im Bett, sieht er attraktiver aus? Achtung: Als Gekränkter müssen Sie sich davor hüten, jetzt alle Details des Seitensprungs durch beständiges Nachfragen herauszupressen. Dadurch werden zusätzliche Wunden geschlagen. Sie werden sich in Ihrer Phantasie Bilder ausmalen, die kaum jemals wieder verblassen werden. Detailschilderungen tragen nicht zum Vergebungsprozess bei, sondern erschweren ihn unnötig. Verkneifen Sie sich das Nachfragen, auch wenn Sie sich noch so sehr dazu gedrängt fühlen. Aber Sie dürfen Ihrem Partner davon berichten, was in Ihrem Kopf vorgeht und von welchen Gedanken Sie umgetrieben werden.

3. Vergeben Sie einander und verzichten Sie auf Vorwürfe und Vorhaltungen.

Liebende leben von der Vergebung.
Manfred Hausmann

Wenn Sie die Ehe gebrochen haben, werden Sie vermutlich erleichtert aufatmen, weil endlich alles heraus ist. Das Versteckspielen hat ein Ende. Als Betrogener werden Sie wahrscheinlich sehr schockiert reagiern. Sie sind fassungslos und haben eine Mordswut. Sie schleudern dem anderen ein explosives Gemisch von verletzten Gefühlen, Kränkung, Angst, Frust und Aggression entgegen: „Du hast unsere Ehe verraten. Du hast unsere Intimität in den Dreck getreten . . .!" Diese erste Reaktion ist verständlich. Denoch sind auch Sie als Betrogener herausgefordert, eine vergebende Haltung einzunehmen. Die Schuld wird nicht entschuldigt, aber weggegeben. Wenn Sie Vergebung gewähren, verpflichten Sie sich, dem anderen sein Versagen nicht länger nachzutragen. Sie bringen das Vergangene nicht mehr gegen ihn vor. Nur so können Sie Rache- und Vergeltungsgelüste überwinden. Wenn Sie dem anderen die Schuld belassen, laden Sie sich selbst eine unerträgliche Last auf und vereiteln die Chance zu einem Neuanfang. Die Bitte des Vater unsers „Und vergib uns unsere Schuld, wie auch wir vergeben unseren Schuldigern" wird für Sie zur Bewährungsprobe. Vergebung und Versöhnung brauchen Zeit. Sie müssen reifen, damit am Ende Bitterkeit und Groll überwunden sind.

4. Sehen Sie als Betrogener Ihren Anteil am Treuebruch des Partners.

Ehebruch ist immer ein Fall für drei. Auch als unbeteiligter Partner brauchen Sie den Mut, sich wichtige Fragen zu stellen. „Was habe ich dazu beigetragen, dass mein Partner aus der Ehe ausgebrochen ist? Wo habe ich ihn verletzt, dass er sich so verletzend verhalten hat? Welchen Anteil habe ich daran, dass unsere Ehe brüchig geworden ist?"
Dieser Prozess der Selbsterkenntnis hilft Ihnen, sich mit dem Partner unter geschehene Schuld zu beugen und gemeinsam das Ehefundament zu erneuern.

5. Schaffen Sie ein partnerschaftliches Klima, in dem Vertrauen und Nähe neu wachsen können.

Durch den Ehebruch ist die emotionale Temperatur auf den Gefrierpunkt abgesackt. Zärtlichkeiten und sexuelle Aktivitäten liegen auf Eis. Praktizierte Vergebung taut die Beziehung auf. Liebevolle Gesten und körperliche Annäherungen werden wieder möglich. Der Versöhnungsprozesswirkt sich allmächlich aus. Der Verzicht auf den Geschlechtsverkehr mag in der ersten Zeit angebracht sein, ist aber auf Dauer nicht legitim. Wer behauptet, er habe vergeben, aber sexuelle Aktivitäten kategorisch verweigert, bleibt in einer unversöhnlichen Haltung gefangen.

Ich hätte nie gedacht, dass ich meiner Frau untreu werden könnte. In den ersten Jahren unserer Ehe lief auch alles gut. Irgendwann fühlte ich mich mehr und mehr durch sie eingeengt. Sie wollte, dass ich rede, mich mehr um die Kinder kümmere und ganz für sie und die Familie da bin. Mich hat das erdrückt. Zu der Zeit lernte ich eine neue Mitarbeiterin in meinem Betrieb kennen. In ihrer Nähe konnte ich aufatmen. Die Beziehung wurde enger. Schließlich haben wir auch zusammen geschlafen. Dann kam alles ans Licht. Ich habe meiner Frau den Seitensprung gebeichtet. Sie war tief verletzt. Wir haben dann beide angefangen an unserer Ehe zu arbeiten. Durch diese Erfahrung haben wir beide als überzeugte Christen zum ersten Mal so richtig mit dem Herzen begriffen, was es heißt, schuldig zu werden und welche befreiende Kraft darin steckt, sich zu vergeben und von Gott vergeben zu bekommen.

Werner, 42 Jahre

6. Nehmen Sie seelsorgliche Hilfe in Anspruch.
Ein affärengeschütteltes Paar sieht für sich in der akuten Krisensituation häufig keinen Ausweg. Sie brauchen die Hilfe eines unbeteiligten Dritten, der Ihnen hilft, die Ehekrise zu bewältigen. Ein erfahrener Seelsorger oder Eheberater begleitet den Versöhnungsprozess. Der Scheidungsanwalt dagegen wirkt auf Trennung hin. Sie dürfen nicht aus falsch verstandener Scham versuchen, alleine die Krise zu bewältigen. Nutzen Sie die Chance von Seelsorge und Therapie. Beide Partner müssen die Bereitschaft mitbringen, ihre Partnerschaft aufrecht zu erhalten. Beide müssen etwas tun. Der Eheseelsorger hilft, den Konflikt durchschaubar zu machen. Er ermutigt Sie zu konkreten Korrekturschritten. Er glaubt mit Ihnen daran, dass Vergebung und Versöhnung möglich sind und deckt unversöhnliche Einstellungen auf.
Dieser Weg steht jedem Paar offen. Ob und wie sehr Sie sich auf diesen schmerzlichen, aber zugleich heilsamen Prozess einlassen, liegt in Ihrer Verantwortung. Der Berater zeigt Möglichkeiten auf. Wege gehen können nur Sie.
Wenn bei einer Ehekrise akuter Ehebruch zugrunde liegt, erarbeite ich mit den Partnern eine gegenseitige Verpflichtungserklärung, der beide verbindlich zustimmen. Sie zielt darauf ab, im Strudel der Gefühle, Ängste, Vorwürfe und Auseinandersetzungen eine Basis zu schaffen, auf der aufgebaut werden kann. Beide müssen jetzt klar wissen, woran sie sind. Eine solche Verpflichtungserklärung kann beispielsweise folgende Punkte enthalten:

- Wir verpflichten uns zum Zusammenbleiben. Keiner trifft voreilige Entscheidungen (Auszug, Scheidungsantrag, Kündigung, ausgeräumte Kleiderschränke ...).

- Der Fremdgänger bricht jeden Kontakt zur Außenbeziehung ab (keine heimlichen Briefe, Telefonate, Treffen).

- Beide suchen das Gespräch miteinander und verzichten auf Vorwürfe, Anklagen und Schuldzuweisungen.

- Außenstehende dürfen nur dann einbezogen werden, wenn beide zustimmen. Keiner verbündet sich mit Angehörigen oder Freunden gegen den Partner.

- Das Paar nimmt seelsorgliche Hilfe in Anspruch. Sie lassen sich auf den Prozess von Versöhnung und Vergebung ein. Sie arbeiten beide an ihrer Beziehung.

Die Situation des Dritten

Unsichtbar ist der Dritte ständig anwesend in den Vorstellungen und Gefühlen des Paares. Es darf den Dritten aber nicht zum Hauptgegenstand machen. Das weckt Erinnerungen und rührt unaufhörlich in alten Wunden. Schweigen ist angesagt. Wird der Dritte ignoriert, verliert er seine zerstörerische Macht. Der Partnerschaft wird es gut tun, wenn gemeinsame Erfahrungen, Hoffnungen, Pläne und alltägliche Herausforderungen wieder vermehrt besprochen werden.
Die Geliebte oder der Geliebte schwankt zwischen Hoffen und Bangen. Mit dem gebeichteten Seitensprung verbindet er die Hoffnung, dass der andere die Beziehung aufgibt und endgültig zu ihm kommt. Diese Erwartung wird in der Regel bitter enttäuscht. Der Dritte bleibt allein und einsam zurück. Heiße Liebesschwüre und Beteuerungen, sich scheiden zu lassen, um ganz bei der Geliebten zu bleiben, erweisen sich als trügerisch. Es scheitern mehr Affären an den Ehen als Ehen an den Affären. Der Geliebte auf Zeit bleibt am Ende unbegleitet zurück. Alte Sehnsüchte nach einem Partner brechen doppelt schmerzlich auf. Der Durst nach dauerhafter Liebe und Erfüllung bleibt ungestillt. Der Dritte ist letztlich der große Verlierer.
Ich warne eindringlich davor, in eine bestehende Partnerschaft einzubrechen. Wer betrügt, betrügt sich am Ende selbst. Seine Hoffnungen und Sehnsüchte werden sich nicht erfüllen.

Selbstbefriedigung in der Partnerschaft

„Wenn der Schöpfer um jeden Preis hätte verhindern wollen, dass wir uns selbst befriedigen, dann hätte er uns sicher kürzere Arme gemacht", sagte einmal jemand. Das Thema Selbstbefriedigung wurde bis ins 20. Jahrhundert schrecklich ernst genommen. Sie galt als unmoralisch, verwerflich, sündhaft und wurde entsprechend verteufelt. Rückgraterweichung, Schwindsucht und alle möglichen anderen Krankheiten wurden ihr zugeschrieben.

Der häufig verwandte Begriff Masturbation bedeutet aus dem Lateinischen übersetzt soviel wie „mit der Hand entehren" und wertet diese Sexualpraktik sehr negativ. Es mutet heute bizarr an, was zu Zeiten regider Sexualauffassungen alles unternommen wurde, um Selbstbefriedigung bei heranwachsenden Jungen zu unterbinden. Erzieher erfanden Handschuhe oder spezielle Käfige, die es ihren Zöglingen unmöglich machen sollten, sich an ihren Geschlechtsorganen manuell zu betätigen.

„Wenn meine Frau keine Lust auf Sex hatte, ich aber große Lust, dann habe ich mich manchmal im Bad selbst befriedigt. Aber immer hatte ich danach Schuldgefühle. Bei einem Eheseminar wurde die Frage nach Selbstbefriedigung in der Partnerschaft behandelt. Für mich war es ein Schlüsselerlebnis zu erkennen, dass heimliche Selbstbefriedigung mich von meiner Frau innerlich entfernt. Ich habe mit ihr offen darüber gesprochen. Das hat mich entlastet. Inzwischen gehen wir so damit um, dass ich an sie gekuschelt einen Samenerguss herbeiführen kann, während sie mich liebevoll streichelt. Und manchmal erwacht dann auch bei ihr die Lust, und wir haben gemeinsam unseren Liebesspaß. Ich bin echt froh darüber, dass jetzt keine Heimlichkeiten mehr zwischen uns stehen und wir auf diese Art noch näher zusammengefunden haben."
Frank, 35 Jahre

Selbstbefriedigung galt als unmoralisch, sündhaft und verwerflich ...

Ich halte Selbstbefriedigung für eine mögliche sexuelle Variante, die sehr differenziert betrachtet werden muss. In der Bibel findet sich keine direkte Aussage zur Selbstbefriedgung. Das Beispiel Onans, von dem der irreführende Begriff der Onanie abgeleitet wurde, sagt lediglich aus, dass er seinen Samen auf die Erde fallen ließ, um sich so der Pflichtehe mit der Frau seines Bruders zu entziehen (1. Mose 38,1-11). Ob er dabei Selbstbefriedigung oder den unterbrochenen Geschlechtsverkehr praktizierte, spielt keine Rolle, weil es um die Erbfolge und nicht um Sex ging.
In der Pubertät und Adoleszens praktizieren junge Frauen und Männer Selbstbefriedigung. Diese Erfahrung gehört zu einer normalen Sexualentwicklung. Für manche Jugendliche erwachen besonders starke Schuldgefühle, wenn die Eltern schockiert und verständnislos auf die Selbstbefriedigung reagiert haben, statt ihnen mitfühlend zur Seite zu stehen. Das verstärkt den inneren Druck um ein Vielfaches. Der junge Mensch erlebt, wie sein Körper so reagiert, wie Gott sich das gedacht hat mit dem ganzen Spektrum an schönen Gefühlen und er bekommt gleichzeitig vermittelt, dass das, was er da macht, äußerst verwerflich sein soll.

Für Unverheiratete bietet die Selbstbefriedigung die einzige Möglichkeit, sexuelle Entspannung herbeizuführen. Singles sind keine asexuellen Wesen. Sie leben ja mit keinem Partner zusammen, mit dem sie eine erfüllte Sexualität genießen können. Mit unerfüllten Partnerwünschen zu leben ist schwer genug. Sie zusätzlich mit dem moralischen Zeigefinger der Sünde der Selbstbefriedgung anzuklagen, beschwert statt zu helfen.

Im Blick auf Selbstbefriedigung in der Partnerschaft halte ich folgende Gedankenanstösse für hilfreich:

1. Die Ehe schafft nicht automatisch die Selbstbefriedgung ab.

Viele Männer und auch Frauen verknüpfen mit der Eheschließung die Hoffnung, jetzt endlich von der Selbstbefriedigung loszukommen. Enttäuscht stellen sie irgendwann fest, dass es ihnen nicht gelungen ist. Alte Verhaltensmuster haben sich wieder eingeschli-

chen. Neben dem Geschlechtsverkehr üben sie von neuem Selbstbefriedigung. Ein hoher Prozentsatz von Ehemännern praktiziert Selbstbefriedigung und ebenso ein nicht geringer Anteil von Ehefrauen.
In sexuellen Flauten-Zeiten, wie Krankheit, Schwangerschaft oder längerer beruflicher Abwesenheit kann sie als Notlösung eine Zeit lang geübt werden, bis das Liebesleben wieder aktiv aufgenommen wird.
Nach einer Befragung von 20-30 Jahre alten Studierenden gaben bei den verheirateten Männern 79% an, dass sie sich in den letzten 12 Monaten selbst befriedigt hatten (96% bei den allein stehenden Männern), bei den verheirateten Frauen 64% (76% bei den allein stehendenFrauen). [15]

... aber sie ist eine mögliche Variante, die sehr differenziert betrachtet werden muss.

2. Selbstbefriedigung, die losgelöst vom Partner praktiziert wird, ist liebesfeindlich.

Der andere bleibt ausgeblendet. Sexualität wird heimlich hinter dem Rücken des anderen ausgelebt. Wer sich selbst befriedigt und sexuelle Entspannung übt, verliert das Interesse am erotischen Zusammensein mit dem Partner. Er hat sich befriedigt, während der andere leer ausgeht. Ehemänner, die sich über mangelnde sexuelle Aktivitäten beklagen, aber reichlich Selbstbefriedigung üben, wirken einer sexuellen Belebung der Ehe entgegen. Sie lassen die Partnerin sexuell hungern.
Der Sexualtherapeut Gunter Schmidt führt die Aussagen eines jungen Mannes an, die ein eindrückliches Beispiel für solch eine partnerschaftsfeindliche Gesinnung anschaulich machen: „Da kann ich anfangen, wann ich will, kommen, wann ich will, aufhören, wann ich will; ich brauche keine Präliminarien, keine Kerzen, keine Zärtlichkeiten hauchen, nicht erspüren, was sie vielleicht will, nicht hinterher darüber diskutieren, wie es war, kann einschlafen, wann ich will.“ [16] Statt die Nähe des andern zu suchen, bleibt derjenige auf sich selbst gerichtet und vermeidet intime Nähe.

3. Selbstbefriedigung kann als Mittel verwandt werden, um dem Partner eins auszuwischen.

Selbstbefriedigung kann liebesfeindlich sein.

„Weil du es nicht schaffst, mich sexuell zu befriedigen, muss ich es mir eben selber machen!" Der andere wird gedemütigt und als Liebhaber entwertet. „Weil du nie Lust auf Sex hast, befriedige ich mich allein!" Selbstbefriedgung dient der Bestrafung und Rache am Partner. Selbstbefriedigung ist in diesen Fällen Symptom einer schwerwiegenden Beziehungsstörung.

4. Selbstbefriedigung bereichert das Sexualleben, wenn sie in eine funktionierende Partnerschaft eingebettet ist.

Gegenseitiges Streicheln der Geschlechtsorgane bis zum Höhepunkt kann eine sexuelle Variante sein, wenn beispielsweise die Möglichkeit einer ungewollten Schwangerschaft ausgeschlossen bleiben soll. Bei unterschiedlichem Sexualverlangen kann die Frau ihren Mann streicheln und sich an seiner sexuellen Erregung freuen, obwohl ihr vielleicht selbst im Moment nicht so sehr nach Sex zumute ist.

Einige Frauen benutzen die manuelle Stimulation der Klitoris, um einen Orgasmus herbeizuführen, den sie beim Geschlechtsverkehr selten oder nie erreichen. Sie lernt ihre eigenen sexuellen Reaktionsmuster besser kennen und kann dem Partner sagen oder zeigen, was ihr besonders gut gefällt.

Die Psychologin und Therapeutin Lonnie Barbach schreibt an ihre weiblichen Leserinnen gerichtet: „Der Versuch, Ihre eigenen sensitiven Bereiche und Ihren individuellen Erregungszustand durch Selbstbefriedigung zu erreichen, ist eine gute Voraussetzung, um zu lernen, was Sie für Ihre sexuelle Befriedigung brauchen. Wenn Sie wissen, was Sie erregt und was Ihnen Spaß macht, unter welchen Bedingungen Sie sexuelle Erlebnisse angenehm finden und welche körperlichen und emotionalen Faktoren notwendig sind, damit Sie zum Orgasmus kommen, können Sie die sexuelle Begegnung so lenken, dass Ihre Bedürfnisse erfüllt werden. Sie werden darüber hinaus besser in der Lage sein, Ihrem Partner wichtige Informationen über Sie zu geben, sodass Ihr gemeinsames sexuelles Erleben lustvoller wird." [17]

Die Selbststimulation sollte aber nicht zum ausschließlichen Muster sexueller Aktivitäten beim partnerschaftlichen Liebesspiel werden und nicht den eigentlichen Geschlechtsverkehr ersetzen.

5. Selbstbefriedigung als Symptom für tieferliegende Konflikte

Wer nur das Symptom im Blick hat, übersieht mögliche Hintergründe, die im Verborgenen liegen. Einsamkeitsgefühle, Angst vor zu viel Nähe und Intimität, die Unfähigkeit, Spannungen auszuhalten oder die Entlastung von Unlustgefühlen bilden mögliche Ursachen. Frauen und Männer nutzen die Selbststimulation, um sich in eine Phantasiewelt wegzuträumen.

Sie ist ein Schrei nach Liebe, Wärme und Geborgenheit. Dadurch werden Einsamkeitsgefühle aber nicht bewältigt, sondern eher verstärkt. Nach dem Orgasmus kehrt das bedrückende Gefühl, allein zu sein, doppelt schwer zurück. Sie lenkt den Blick nach innen und nicht auf den geliebten Partner. Wer bei sich bleibt und die Selbstbefriedigung benutzt, um in eine selbst gemachte Traumwelt zu flüchten, fällt wieder schmerzlich auf den Boden der realen Einsamkeit zurück. Die Gefahr nun erst recht dem entfliehen zu wollen durch die Selbstbefriedigung ist groß. Sie bekommt so einen verhängnisvollen Suchtcharakter.

Wer in seine selbstgemachte Traumwelt flieht, fällt auf den harten Boden der realen Einsamkeit zurück.

Wer in seinen inneren Gewissensnöten Selbstbefriedigung immer wieder beichtet, erlebt nicht automatisch eine innere Befreiung und Verhaltensänderung. Statt zu resignieren, empfehle ich Betroffenen, mit einem Seelsorger die verborgenen Hintergründe und Motive der Selbstbefriedigung zu erarbeiten und nach Wegen zu suchen, wie dieses Verhalten korrigiert werden kann.

Ich halte es für wichtig, nicht zu einem erbitterten Kampf gegen die Selbstbefriedigung aufzurufen. Dann bleibt der Betroffene doch wieder nur auf sich selbst fixiert und provoziert die alte Gewohnheit fortwährend von neuem. Statt gegen die Selbstbefriedigung zu kämpfen, ermutige ich Betroffene zu mutigen Schritten ins Leben. Andere Menschen in den Blick nehmen, etwas für die Gemeinschaft tun, Schritte aus der Vereinsamung in die Gemeinschaft unternehmen, das Leben aktiv gestalten. So gelangt der Ichbezogene zu einem gesunden Gemeinschaftsgefühl.

6. Selbstbefriedigung ist Ersatzbefriedigung

Statt lustvoller, erfüllter Liebe zum Partner geht es um „Sex mit sich selbst". Insofern kann sie nicht die Befriedigung und Zufriedenheit bringen, die sich erst in der erotischen Zweisamkeit voll entfalten kann. Spannungsabfuhr ist viel weniger als echte Befriedigung. Wenn insbesondere Männer ihre Phantasie beständig mit pornographischen Bildern füttern, dürfen sie sich nicht wundern, wenn sie ständig unter sexueller Spannung stehen. Input gleich Output. Was wir visuell in uns aufnehmen, bestimmt unsere Vorstellungswelt. Unzählige Sex-Anbieter im Internet haben inzwischen aus dem Bedürfnis nach anonymem Solo-Sex ein Milliardengeschäft gemacht. Nie war es einfacher, sich losgelöst vom Partner sexuell anzuregen, als heute. Aber so einfach es ist, per Maus-Klick stimulierende Bilder hereinzuholen, so schwer wird man(n) sie wieder los. Wer immer wieder der Versuchung erliegt, sich vor dem heimi-

„Schon seit meiner Jugend war Selbstbefriedigung das Schönste, was das Leben mir zu bieten hatte. Immer dann, wenn etwas schief ging oder ich Frust hatte, trat sie in Aktion. Sobald sich etwas regte, ging ich dem sexuellen Impuls nach. Dies führte zu einer Abhängigkeit. Als ich dann Christ wurde, wünschte ich mir, von diesem Kreislauf frei zu werden. Das Gegenteil war der Fall. Ich bekam ein schlechtes Gewissen, betete dauernd um Vergebung und um Befreiung. Vergeblich. Ich hoffte, wenn ich eines Tages verheiratet wäre, würde dieses dunkle Kapitel in meinem Leben als Christ ein Ende finden. Doch dem war nicht so – bis heute. Wenn auch die Intensität der Selbstbefriedigung zurück gegangen ist und zwei bis drei Wochen ohne vergehen, ohne dass ich ‚Hand an mich lege', bin ich keineswegs frei davon. Das Resultat ist das ständige schlechte Gewissen, das Zweifeln an der ‚herrlichen Freiheit der Kinder Gottes', das schuldig Fühlen meiner Frau gegenüber und ein hoher Grad an Selbstverachtung."

Michael, 44 Jahre

schen PC oder Fernseher erotisch anmachen zu lassen, sollte den Stromkreis rechtzeitig unterbrechen.

7. Im partnerschaftlichen Gespräch lassen sich Ängste und Schuldgefühle abbauen

Es fällt bestimmt nicht leicht, über das Tabuthema Selbstbefriedigung offen zu sprechen, weil es sehr negativ besetzt ist. Ein offenes und ehrliches Gespräch zwischen Liebenden, das auf Anschuldigungen und Verurteilungen verzichtet, hilft dabei, einander zu verstehen und noch besser aufeinander einzugehen, auch in der körperlichen Liebe. Die Selbstbefriedigung verliert dadurch ihre unheilvolle, trennende Macht. Nur was die Partner von einander wissen, können sie auch miteinander teilen.

Der Feind in meinem Bett

Nirgendwo reagieren wir sensibler als auf der sexuellen Beziehungsebene.

Auch die glücklichste Partnerschaft bleibt nicht auf Dauer eine problemfreie Zone. Meinungsverschiedenheiten und Konflikte treten im zwischenmenschlichen Bereich ganz automatisch auf, wo unterschiedliche Charaktere aufeinander treffen Das gilt erst recht für die exklusive Zweierbeziehung. Mögen sich beide auch noch so sehr lieben und sich wertschätzen, an Streitigkeiten kommen sie nicht vorbei. Konflikte, die in Küche oder Wohnzimmer aufbrechen, machen auch vor der Schlafzimmertür nicht halt.

Wenn es tüchtig in der Liebe kracht, bleibt das Liebesleben nicht frei von Erschütterungen. Was sich in unserer Partnerschaft abspielt, spiegelt sich auch im Ehebett wider. Nirgends reagieren wir sensibler und verletzlicher als auf der sexuellen Beziehungsebene. Sexualität gleicht einem hoch empfindlichen Temperaturfühler, der sofort anzeigt, wenn sich das Beziehungs-Klima verschlechtert oder auch verbessert.

Nun wird das eheliche Schlafzimmer nicht selten zum bevorzugten Schauplatz für Machtkämpfe, Racheakte, versteckte Aggressionen und destruktive Kommunikation. Im Partnerschaftskrimi kann es Täter und Opfer, Erpressungsversuche, Sabotage, Rivalitäten und erbitterte Machtkämpfe geben.

Probleme in der Sexualität sind häufig Beziehungsprobleme. Sie drücken aus, dass etwas in der Grundeinstellung zu einander nicht stimmt. Wenn wir entdecken, dass unser Liebesleben deshalb so schwierig geworden ist, weil in der ganzen Beziehung einiges schief liegt, können wir gemeinsam etwas dagegen unternehmen. Wir dürfen uns nicht allein auf das fixieren, was beim Sex schief läuft. Das wäre kurzsichtig. Wir müssen unsere Beziehung ganzheitlich sehen und dürfen nicht bei der Symptomkosmetik sexueller Schwierigkeiten stehen bleiben.

Im folgenden greife ich einige typische Partnerschaftskonflikte auf und schildere, wie sie sich in der Sexualität auswirken. Was wir verändern können, zeigen hilfreiche Gedankenanstöße.

Machtkämpfe

Der Märchenprinz entpuppt sich manchmal als besserer Frosch.

In der Partnerschaft finden sich zwei ausgesprochene Egoisten wieder. Jeder pflegt eigene Bedürfnisse, Wünsche, Maßstäbe und Angewohnheiten. Da bleibt es natürlich nicht aus, dass jeder ein gesundes Interesse daran hat, seine Vorstellungen und Ziele durchzusetzen.

Wenn die Beziehung beginnt, steckt jeder gern zurück. Verliebte Gefühle machen es leicht, darauf Rücksicht zu nehmen, was der andere sich wünscht. Und die heimliche Angst, ihn zu verlieren, macht nachgiebig. Jeder will den anderen glücklich machen.

Aber irgendwann folgt auf rosa Gefühle der graue Alltag. Verliebte Gefühle kippen. Der Märchenprinz entpuppt sich als besserer Frosch. Die Traumfrau verliert ihren Zauber. Wenn der Partner auf einmal nicht mehr meinem Bild entspricht, setze ich alles daran, ihn in mein Bild zu formen. Dabei leitet mich der Irrglaube, ich könnte den anderen erziehen. Er soll sich so verändern, wie ich ihn gerne hätte.
Dabei wird Druck ausgeübt. „Du musst endlich aufhören zu rauchen!" Emotionale Erpressung soll den anderen gefügig machen „Nur wenn du mich mehr bei der Hausarbeit unterstützt, bin ich mit dir zufrieden." Schuldgefühle werden geweckt, um den anderen zu manipulieren. „Weil du heute Abend wieder zum Fußball gehst, sitze ich alleine zu Hause und fühle mich schlecht!" Aus dem süßen Spatz, für den ich alles tun wollte, wird ein gefährlicher Greifvogel, der mir wegnimmt, was ich haben will. Letztes Jahr noch hätte er seinem Schatz zuliebe einen fetten Kredit aufgenommen. Dieses Jahr aber weigert er sich kategorisch, das Haushaltsgeld auch nur um eine Mark aufzustocken.

Machtkämpfe und Rivalitäten entzünden sich besonders häufig in den Bereichen: Sexualität, Geld, Kindererziehung, Weltanschauung und persönliche Gewohnheiten. Im Hintergrund dreht sich alles um Machtfragen.

Wer bestimmt? Wer entscheidet, was gemacht wird und was nicht? Wer setzt seine Wünsche und Bedürfnisse erfolgreicher durch? Wer sitzt am längeren Hebel?

Das junge Flitterwochenpaar beschließt früh am Morgen auszureiten. Als der junge Ehemann die Pferde sattelt, bockt seines. Er reagiert ärgerlich, schaut dem Gaul fest in die Augen und sagt: „Eins!" Als sie schließlich losreiten und an einem Wassergraben vorbeikommen, scheut sein Pferd. Wieder schaut er ihm fest in die Augen und sagt: „Zwei!" Im nahe gelegenen Wald angekommen, passiert es. Sein Pferd wirft ihn ab. Der junge Ehemann ist stocksauer. Er sieht dem Pferd in die Augen, sagt: „Drei!", zieht seinen Revolver und erschießt das Pferd. Seine junge Frau reagiert fassungslos: „Wie kannst du nur das arme Pferd erschießen? Es hat doch nichts Schlimmes getan!" Darauf sieht er seiner Braut fest in die Augen und sagt in strengem Ton: „Eins!"

Bei Machtkämpfen geht es immer darum, dass der andere das macht, was ich will. Jeder will auf seine Weise bestimmen. Die zweite Geige spielt bekanntlich keiner gerne. Zu einer gesunden Entwicklung in der Paarbeziehung gehört selbstverständlich, dass wir uns kräftig auseinandersetzen und lebhaft diskutieren. Wir müssen lernen, uns trotz unterschiedlicher Interessen zu einigen. Entscheidungen müssen getroffen werden, zu denen beide „ja" sagen können. Übereinkünfte setzen ein gesundes Konfliktverhalten voraus.

Problematisch wird es, wenn der eine auf Kosten des anderen seinen Willen um jeden Preis durchsetzen will. Wenn beide um Sieg oder Niederlage kämpfen, verlassen sie den Boden partnerschaftlicher Liebe.

Nach meiner Erfahrung stehen überall da Machtspiele im Hintergrund, wo ein Partner im völligen Alleingang einen Bereich der

Partnerschaft dominiert. Wenn beispielsweise der Ehemann allein über das Gehaltskonto verfügt und sie nicht einmal weiß, was er eigentlich verdient. Er gebärdet sich als Finanzminister und übt über das Geld Druck aus. Das lässt sie sich natürlich nicht auf Dauer gefallen. Sie lässt sich deshalb auch nicht in ihr Refugium als Erziehungsministerin der Familie reinreden. Hier meldet sie ihren unumschränkten Machtanspruch an. Aufgabenteilung zwischen den Partnern mag sinnvoll erscheinen, aber sie darf nicht dazu führen, dass einer allein bestimmt und der andere außen vor bleibt. Beim Machtgefälle geht der partnerschaftliche Umgang baden.

Was in der ehelichen Finanz- und Erziehungswelt an Machtkämpfen ausgefochten werden kann, lässt sich auch hervorragend im Liebesleben praktizieren. Wenn sie keinen Sex will, kann er sich auf den Kopf stellen. Es läuft nichts. Hat sie die Hosen im Schlafzimmer an, braucht er die seine erst gar nicht ausziehen. Wenn sie seine zärtliche Nähe sucht, kann er sie eiskalt abblitzen lassen.

Frust im Liebesleben weckt Aggressionen

Jeder Mensch sehnt sich danach, anerkannt und wertgeschätzt zu sein. Wir wollen anderen etwas bedeuten. Von einer Liebesbeziehung erhoffen wir uns, dass diese emotionalen Bedürfnisse gestillt werden. Fühlen wir uns geliebt und respektiert, empfinden wir die Partnerschaft als ein wohnliches Zuhause, in dem wir aufatmen und auftanken können. Wir haben unsere Aufgabe als Mutter und Ehefrau, als Vater und Ehemann ganz gut im Griff. Alles läuft prächtig. Unsere friedliche Einstellung zum Partner droht aber umzukippen, wenn wir auf einmal unsere emotionalen Bedürfnisse gefährdet sehen. Das gilt besonders für den sexuellen Bereich.

„Ich fühle mich von meinem Mann tief verletzt, weil er den Sex in unserer siebenjährigen Ehe auf Sparflamme gehalten hat. Abends fiel er fast immer todmüde ins Bett und interessierte sich gar nicht mehr für mich. Wenn ich mich nach körperlicher Liebe sehnte, musste ich ihm erst sagen: ‚Bitte streichel mich hier. Berühre mich da.' Er wusste gar nichts mit meinem Körper anzufangen. Wenn wir dann ausnahmsweise einmal miteinander geschlafen haben, was sehr selten vorkam, kam er gleich zum vorzeitigen Samenerguss, kaum dass er in mich eingedrungen war. Dass er sich dann einfach auf die Seite drehte und einschlief, hat mich regelrecht entwertet als Frau. Nur ein einziges Mal habe ich während unserer Ehe einen Orgasmus bekommen. Ich habe meinen Mann aus Liebe geheiratet, aber er konnte sich nie von seiner verwitweten Mutter trennen. Die hat ihn nie wirklich Mann werden lassen. Bis heute habe ich zu meinem Mann gehalten, trotz allem. In letzter Zeit merke ich, dass sich dringend etwas verändern muss. Ich habe doch auch einen Wert als Frau und will beschützt, umsorgt und begehrt werden."
Angelika, 32 Jahre

Wer sich dauerhaft sexuell vernachlässigt fühlt, entwickelt Wut. Frust macht aggressiv. Der sexuell vernachlässigte Partner fühlt sich dem desinteressierten Lebensgefährten ohnmächtig ausgeliefert. Er wünscht sich befriedigenden Sex, aber der andere lässt ihn abblitzen und im Regen stehen.

Der Frustrierte kann mit seinem Ärger sehr verschieden umgehen. Er kann ihn offensiv ausdrücken, in dem er den anderen anklagt, einen Jähzornanfall bekommt, ihn heruntermacht oder sogar tätlich angreift. In seiner angestauten Wut überschreitet der frustriert-aggressive Partner die letzte Eskalationsgrenze und schlägt zu. Er weiß sich nicht anders zu helfen, als sein Gegenüber emotional oder sogar körperlich anzugreifen. Der Aggressive schlägt Wunden. Wenn die Frustbombe explodiert, wird der andere von den Bombensplittern vewundet. Wer sich in seinem Mann- oder Frausein verletzt fühlt, schlägt zurück.

Wer enttäuschte Gefühle runterschluckt, behält die Wut im Bauch.

Wer seine enttäuschten Gefühle runterschluckt, behält die Wut im Bauch. Schlucken und Verdrängen von sexuellen Frustgefühlen löst keine Probleme. Die angestauten Aggressionen bahnen sich ihren Weg auf versteckten Kanälen. Verdrängte Aggressionen enthalten ein gefährliches Gefälle zur Lieblosigkeit.

Der erotische Frust wird häufig indirekt abreagiert. Der Verschmähte hüllt sich in eisiges Schweigen. Nach außen wirkt er zwar total cool, aber innerlich brodelt die Wut. „Weil du mich sexuell im Regen stehen lässt, zeige ich dir meine Ablehnung, indem ich nicht mehr mit dir rede!" Durch feindseliges Schweigen verhindert er eine konstruktive Auseinandersetzung über die sexuellen Aktivitäten in der Partnerschaft.

Eine andere Reaktionsweise besteht darin, auf die mangelhafte Befriedigung mit Verweigerung von Anerkennung zu antworten. „Bleiben meine Bedürfnisse ungestillt, sollst du auch leer ausgehen. Wenn du nicht mit mir schläfst, lasse ich dich links liegen!" Wer das Gefühl hat, in den Augen des anderen keine erotische Attraktion mehr zu sein, gibt sich wortkarg und geht alltagsgrau mit dem anderen um.

Der frustriert-aggressive Teil beginnt zu nörgeln. Ständig hat er etwas am anderen auszusetzen. Nichts macht er ihm recht. So ent-

wertet er sein Gegenüber, weil er sich selbst sexuell entwertet fühlt. Je tiefer Frust und Verärgerung sitzen, umso verletzender werden die Verhaltensweisen.
Gerade Menschen, die eher still und in sich gekehrt leben, können ungenießbar werden, wenn sie sich in ihren Bedürfnissen bedroht fühlen. Sie sagen nichts, aber ihre Reaktionen sprechen eine gehässige Sprache. Jähzorn, verweigerte Anerkennung und Nörgelei erdrosseln die Liebe. Sie bewirken, dass der andere sich nur noch mehr zurückzieht, statt sich für die erotischen Wünsche des Partners neu zu öffnen. Beziehungsstörungen eskalieren. Wer seinen angestauten Zorn rausbrüllt, versündigt sich am anderen. Wer ihn runterschluckt, wird schuldig an sich selbst. Die Frustbombe bleibt weiter scharf.

Frauen sind meistens eher passiv aggressiv. Sie sagen Dinge wie: „Du darfst mich nicht verlassen, weil ich ohne dich nicht mehr leben kann." Frauen schlüpfen in das Kostüm einer Leidenden, die sich selbst bestrafen wird, wenn ihr Wille nicht erfüllt wird. Männer dagegen tendieren zur aktiven aggressiven Methode und bestrafen eher den Partner als sich selbst: „Wenn du dich so verhältst, dann schadest du nur dir selber."
Susan Forward [18]

Wenn Sie sich sexuell vernachlässigt fühlen, kommt der Frust und Sie entwickeln Wut. Entscheidend ist die Frage, ob und wie Sie die Beziehungsbombe entschärfen.

1. Lassen Sie Ihre Aggressionen zu!

Sagen Sie sich: „Ich darf auf meinen Partner sauer sein.“ Verletzte und frustrierte Gefühle brauchen Sie nicht um des lieben Friedens willen verdrängen. Durch Ihr Verschweigen lösen Sie keine Probleme. Sie fühlen, was Sie fühlen. Am gefährlichsten wirken jene Rachegelüste und bittere Enttäuschungen, die Ihnen nicht richtig bewusst sind, sondern im Verborgenen unheilvoll nachwirken. Rache schmeckt für den Moment süß auf der Zunge. Ihr Nachgeschmack ist bitter für die Liebe. Je besser Sie Ihre aggressiven Emotionen wahrnehmen, umso leichter können Sie sie kontrollieren. Sie bekommen Ihre Wut in den Griff, wenn Sie sie kennen. Versteckte Wut dagegen hält Sie weiter im Würgegriff.

2. Sprechen Sie Ihren Frust frühzeitig aus!

Ein Luftballon, aus dem keine Luft entweichen kann, der aber stetig mit Luft aufgefüllt wird, explodiert schließlich. Wenn ich möglichst frühzeitig ausspreche, was mich frustet, werde ich nicht so schnell vor Ärger platzen. „Ich merke, dass ich heute Morgen noch Ärger im Bauch habe, weil ich mir gestern Abend mehr zwischen uns erhofft hatte. Können wir noch mal darüber reden?“ Besser Luft ablassen als in die Luft gehen.

3. Fragen Sie sich, von welchem Punkt Ihr Frust herrührt?

An welcher Stelle haben Sie sich verletzt gefühlt? Hat Ihr Partner Ihre sexuellen Bedürfnisse nicht ernst genommen? Fühlen Sie sich als Person abgelehnt, weil der andere eine bestimmte Sexualpraktik nicht wollte? Hat er sich beim Liebesspiel teilnahmslos verhalten und erleichtert reagiert, als das „Gezappel“ vorbei war?

Wenn Sie Ihren Frust lokalisieren, müssen Sie nicht gleich die ganze Beziehung mies machen. Wenn es Ihnen gelingt, konkret auszusprechen, woran sich Ihr Ärger entzündet hat, ohne anzuklagen, entschärfen Sie die Aggressionsbombe.

4. Konzentrieren Sie sich auf die Lust statt den Frust!

Statt der Lust mit dem Partner abzurechnen, tun Sie etwas für neue Lust in der Liebe. Was können Sie dazu beitragen, dass Ihre Zweierbeziehung nicht im Frust stecken bleibt? Wie können Sie mit Ihrem Partner die wunden Punkte Ihrer intimen Beziehung behutsam verändern? Liebe stillt den Zorn.

Eifersucht

Der Eifersüchtige will den Partner kontrollieren und besitzen.

Ein zarter Hauch von Eifersucht mag die Liebe zu Zeiten erfrischen. Sie fordert mich heraus, mir ein bisschen mehr Mühe zu geben, um die Liebesbeziehung zu erhalten. Wenn sich echte Eifersucht in der Partnerschaft breit macht, handelt es sich um eine alarmierende Beziehungsstörung.

Eifersucht gleicht einer Krake, die den Eifersüchtigen und den Verdächtigten bedrohlich umschlingt. Der von Eifersucht Geplagte lebt im Strudel wechselhafter Gefühle. Er fürchtet den anderen an einen Dritten zu verlieren. Der Gedanke, nicht mehr die Nummer eins zu sein, macht ihn rasend. Er vermisst die Aufmerksamkeit des anderen und fühlt sich zurückgesetzt. Liebe und Hass vermischen sich. Neid, Wut und Ohnmachtsgefühle peinigen den Eifersüchtigen.

Er kontrolliert den Verdächtigen, schnüffelt ihm heimlich hinterher, macht ihm unschöne Szenen und bringt ihn vor anderen in seinem Wahn in peinliche Situationen. Der Eifersüchtige will den Partner kontrollieren und besitzen. Er erträgt es nicht, wenn der andere sich nicht ausschließlich um ihn kümmert. Der eifersüchtig geliebte Mensch bedeutet ihm alles. Er betrachtet ihn als sein Eigentum. Gleiches wünscht er sich im Gegenzug auch vom anderen.

Der Verdächtigte kann machen, was er will, er kommt aus der Umschlingung des Eifersüchtigen nicht frei.

Sucht der Mann den sexuellen Kontakt mit seiner krankhaft eifersüchtigen Frau, behauptet diese: „Du schläfst zwar mit mir, aber mit deinen Gedanken bist du bestimmt bei einer anderen!“ Schläft er dagegen nicht mit ihr, sagt sie: „Du willst keinen Sex mit mir, weil du eine andere hast, die du begehrenswerter findest!" Was der Verdächtigte auch tut, er kann das angeknackste Vertrauen nicht wieder herstellen, solange ihm eifersüchtiges Misstrauen entgegenschlägt.

Eifersucht entzaubert Liebe und Erotik.

Eifersucht ist deshalb nicht nur eines der quälendsten, sondern auch eines der gefährlichsten Gefühle. Es kann ansonsten gutmütige, sanfte, friedliche Menschen in Racheengel, Furien und sogar Gewalttäter verwandeln. Wobei eifersüchtige Männer ganz offensichtlich zu gefährlicheren Reaktionen neigen als Frauen. Laut Kriminalstatistik haben im Jahr 1993 114 Männer und 22 Frauen aus Eifersucht einen Mord begangen. 45 081 Männer und 5459 Frauen sind anderweitig (Nötigung, Körperverletzung) straffällig geworden.
Anna Röming [19]

Eifersucht entzaubert Liebe und Erotik. Sie erdrosselt die Beziehung, weil der Eifersüchtige seinem Partner jeden Freiraum wegnehmen will, um ihn an sich allein zu fesseln. Betroffene werden es kaum schaffen, sich aus den Fangarmen der Eifersucht zu befreien. Sie wünschen sich, den anderen zu gewinnen, riskieren aber, ihn durch ihr Eifersuchtsverhalten endgültig zu verlieren.
In den Sprüchen Salomos heißt es: „Ein eifersüchtiger Ehemann schnaubt vor Wut, und in seiner Rachsucht kennt er kein Erbarmen. Keine Entschädigung, die du ihm anbietest, kein noch so großes Geschenk wird ihn besänftigen" (Spruche 6,34-35).
Ein Patentrezept gegen die Eifersucht gibt es nicht. Damit Ihre Beziehung nicht an der Eifersucht erstickt, können Sie als betroffene Person drei Strategien verfolgen:

1. Arbeiten Sie an Ihrem Selbstwert.

Minderwertigkeitsgefühle stehen häufig im Hintergrund. Wenn Sie sich selbst gering schätzen, glauben Sie möglicherweise an die Geringschätzung durch Ihren Partner. „Ich bin nicht gut genug für sie. Er wird sich jemanden suchen, der intelligenter, vermögender, weltgewandter ist als ich.“ Andererseits brauchen Sie den anderen, um Ihren eigenen Selbstwert anzuheben. Was Sie sind, sind Sie durch den anderen. Ihn zu verlieren, würde für Sie bedeuten, allen Wert zu verlieren. Darum können Sie in Ihrer Eifersucht so krankhaft besitzergreifend reagieren.

Mit einem gesunden Selbstwertgefühl beugen Sie der Eifersucht vor. Wenn Sie Ihr Selbstvertrauen stärken, können Sie Ihrem Partner viel leichter vertrauen.

2. Verzichten Sie auf Exklusivrechte am Partner!

Solange Sie eifersüchtig über den anderen wachen und verfügen wollen, bleibt kein Raum für Eigenständigkeit und Freiheit. Der andere gehört Ihnen nicht. Er hat genau wie Sie einen Anspruch auf Freiräume. Sie müssen nicht jede Minute als Paar verbringen, gleiche Hobbies pflegen und alles im Doppelpack unternehmen. Liebe lebt nicht von der Eifersucht. Liebe hat sie nicht nötig. Vertrauen verzichtet auf dauerndes Kontrollieren. Lernen Sie zu erkennen, dass Sie keine Verfügungsgewalt über den anderen haben.

3. Gestehen Sie Ihr Eifersuchtsproblem ein und verändern Sie Ihre Einstellung!

Übertriebene Eifersucht muss als problematisch erkannt und angegangen werden. Das Eingeständnis: „Ich habe furchtbare Angst, dich zu verlieren“, kann ein erster wichtiger Schritt für Sie sein, um eifernden Gefühlen die Schärfe zu nehmen. Ihr Kontrollverhalten muss abgebaut werden. Wertschätzung und Achtung des anderen können Sie neu einüben. Auf jeden Fall sollten Sie sich davor hüten, Ihren Gefährten nun ebenfalls eifersüchtig zu machen. Vernunftgeleitete Gespräche miteinander können Ihnen beiden dabei helfen, aus dem Strudel der Gefühle herauszukommen. Mit dem Hang zur Eifersucht brauchen Sie einen befreiten Blick für den geliebten Menschen an Ihrer Seite. Die Eifersucht hat Sie blind gemacht für dessen Stärken und Liebe. Statt zu fordern und zu kontrollieren, können Sie ihm etwas Gutes tun und ihn unterstützen.

Männer lieben anders – Frauen auch

Männer und Frauen trennt viel mehr als nur der „kleine Unterschied".

Männer ticken anders als Frauen. Die Geschlechter trennt viel mehr als nur der „kleine Unterschied". Diese uralte Erkenntnis, die bereits im biblischen Schöpfungsbericht enthalten ist, erlebt seit Anfang der neunziger Jahre durch neue Forschungsergebnisse aus Psychologie und Medizin eine Renaissance. So unterscheidet sich beispielsweise das weibliche Gehirn vom männlichen in verschiedener Hinsicht: „Frauen können schneller Zusammenhänge erfassen, besitzen eine größere emotionale Intelligenz, zeigen stärkere Emotionen und verfügen über eine höhere Sprachbegabung, während Männer eine bessere Konzentrationsfähigkeit besitzen, ihr räumliches Denken ausgeprägter ist und ihr Gedächtnis schneller altert." So fasst die Journalistin Dianne Hales neueste neurologische Untersuchungsergebnisse zusammen und bilanziert: „Weibliche und männliche Gehirne denken – aber sie tun es auf sehr unterschiedliche Weise." [20]

Die psychologischen Ratgeber des amerikanischen Paar- und Familientherapeuten John Gray stürmen die Bestsellerlisten auf der ganzen Welt. Dabei fußen seine Ratschläge auf der schlichten Erkenntnis, dass Frauen und Männer in ihren emotionalen Bedürfnissen verschieden sind.

Männer verstehen ihre Frauen ebenso wenig wie Frauen ihre Männer. Der eigentliche Knackpunkt liegt meiner Ansicht nach darin, dass beide Geschlechter diese Problem nicht ausreichend würdigen. Wer die Geheimnisse des anderen Geschlechts verstehen will, muss sich über die Unterschiede im Klaren sein und ihnen Rechnung tragen.

Welche geschlechtsspezifische Denkweisen, Verhaltensweisen und Gefühle betreffen die Bereiche Erotik und Sexualität?

Das weibliche sexuelle Empfinden ist stärker an physiologische Gegebenheiten geknüpft, als das bei Männern der Fall ist. Monatszyklus, Eisprung, Schwangerschaft, Geburt und Klimakterium beeinflussen ihr Liebesleben. Männer durchleben vielleicht ihre Midlife-Krise, aber das war's auch schon. Männer brauchen ein vertieftes Verständnis dafür, wie sich körperliche Veränderungen der Partnerin auf die Sexualität auswirken können.
Während das so genannte starke Geschlecht mit Anfang zwanzig den Zenit seines Sexualverlangens und seiner sexuellen Leistungsfähigkeit schon überschritten hat, berichten viele Frauen, dass sich ihr Verlangen nach Sex ab dreißig deutlich gesteigert hat und sie sexuelle Aktivitäten viel intensiver und lustvoller erleben. Manche Männer im reiferen Alter mit einer jüngeren Partnerin fühlen sich dadurch unter Druck gesetzt. Sie glauben, weil sie nicht mehr über die Potenzleistung ihrer Jugendzeit verfügen, nicht mithalten zu können. Dabei wünschen sich ihre Frauen gar keinen jugendlichen, unerfahrenen Liebhaber, sondern wissen gerade die Erfahrung und gereifte Männlichkeit ihres Partners zu schätzen. Er muss nicht immer können müssen, aber er muss auf sie eingehen können. Und sie kann auf das Klischee einer Sexoholikerin getrost verzichten, sondern selbstbewusst zu ihrem gewachsenen Interesse an Sex stehen.
Ein wichtiger Unterschied im sexuellen Empfinden liegt in der sexuellen Erregungssteigerung von Mann und Frau. Die folgende Graphik beschreibt die unterschiedlichen Reaktionszyklen:

Erregungskurve von Mann und Frau

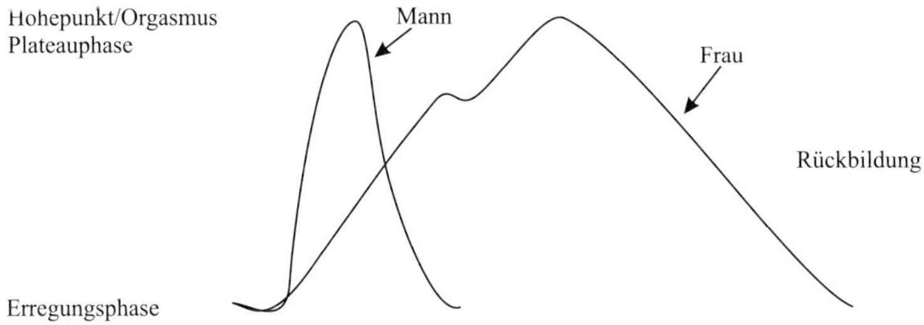

Die sexuelle Erregungskurve des Mannes verläuft bildlich gesprochen wie ein Raketenstart. Ein erotischer Anblick, eine eindeutige Berührung oder nur der Gedanke an Sex bringen ihn von Null auf Hundert. Dass er sich sexuell stimuliert fühlt, zeigt seine Erektion. Wenige Augenblicke genügen, um ihn abheben zu lassen. Die Erregungskurve steigt steil an und gipfelt im Orgasmus.
Das weibliche Erregungsmuster verläuft anders. Die Erregungsphase steigt weniger steil an und verläuft langsamer als beim Mann. Ein anderer bedeutsamer Unterschied liegt darin, dass die Erregung der Frau nach dem Erreichen des Orgasmus stärker nachwirkt als bei ihm. So steil wie der „Lustflug" des Mannes auch verläuft, so abrupt endet er mit dem Erreichen des Orgasmus. Seine leidenschaftliche Erregung kühlt innerhalb kürzester Zeit ab, während ihr Lustempfinden auch nach dem Höhepunkt nachglüht.

„Er will Sex, doch sie sehnt sich nach Liebe. Manchmal könnte man meinen, unsere Partner stammten von verschiedenen Planeten. Er vom Mars, sie von der Venus. Im Bett sind Männer und Frauen tatsächlich verschieden, dass sie aber wirklich grundverschiedene Vorstellungen von der Sexualität haben, ist uns vielleicht gar nicht bewusst. Erst wenn wir diese ganz offensichtlichen Unterschiede begreifen und auch akzeptieren, ist eine wirkliche Vertrautheit möglich. Ohne das Verständnis und diese Akzeptanz lässt der Sex sehr zu wünschen übrig."
John Gray [21]

Jemand sagte einmal, wenn Gott einen Fehler in seiner sonst so guten Schöpfung begangen habe, dann den, dass die sexuelle Erregungskurve von Mann und Frau so unterschiedlich verlaufe.
Viel Frust mit der Lust bliebe Paaren erspart, wenn sie in ihrem Liebesleben den verschiedenen Reaktionszyklen Beachtung schenken würden.

Wenn der Mann nur an sich denkt und auf seinen schnellen Orgasmus aus ist, kommt seine Frau zu kurz. Als guter Liebhaber muss er lernen, dem Reaktionmuster seiner Frau entgegenzukommen. Er darf das Vorspiel nicht überspringen und sofort zum eigentlichen Geschlechtsverkehr übergehen. Zärtliche Liebkosungen und sanftes Berühren ihrer Genitalien stimuliert sie weiter, bis sie ihm zu verstehen gibt, dass sie für das Eindringen seines Penis bereit ist.

Der Arzt und Eheberater Ed Wheat schreibt dazu: „Während der Mann lernt, seine Reaktionen noch zu zügeln und zeitlich hinauszuschieben, sollte die Frau lernen, sich ganz gehen zu lassen, ihrem Mann und auch ihrem eigenen Körper zu vertrauen und sich so frei wie möglich zu fühlen. Wenn sie sich auf ihre körperlichen Gefühle konzentriert, sollte sie sich auch daran gewöhnen, ihren augenblicklichen Zustand der sexuellen Erregung dem Mann mitzuteilen mit Blicken, Bewegungen und manchmal auch mit liebevollen Worten. Das hilft ihm sehr, seinen Teil des Liebesakts im richtigen Moment anzubringen.“ [22]

Es scheint eine typisch männliche Eigenschaft im Sexleben zu sein, leistungsorientiert auf ein Ziel hinzuarbeiten. Der Mann, einmal erotisch angemacht, fühlt sich in einen großen Raum versetzt, der nur eine Tür besitzt. Er kennt nur noch ein Ziel: „Ich will und muss durch die Tür dort hinten.“ Sein Ziel heißt Orgasmus.

Für die Frau ist es dagegen nicht ausschließlich entscheidend, durch diese Tür zu gehen. Sie empfindet viel eher Lust daran, sich im Raum sexueller Erregung und erotischer Sinnlichkeit zu bewegen. Sie kann den Sex mehr als ihr Partner einfach nur genießen, ohne eine Leistung zu erbringen und ein Ziel zu erreichen. So kommt es, dass der Mann gerade das Zimmer durch die Tür verlässt und am Ziel seiner Wünsche ist, während sie sich noch mit ihm im Raum der Erotik vergnügt hätte.

Männliche und weibliche Phantasien

Männer und Frauen pflegen unterschiedliche erotische Phantasien. Sie entwickelt in ihrer Phantasie eher ganze, in sich abgeschlossene Geschichten, während er eindeutige „Sexszenen“ vor sein inneres Auge projiziert. Frauen beschäftigt in ihrer Phantasie viel häufiger der eigene Partner, indem sie sich beispielsweise an besonders schöne, intime Stunden zurückerinnern. Männer gehen gedanklich schneller fremd. Natürlich sind sexuelle Phantasien so verschieden wie Fingerabdrücke. Das Kino im Kopf muss dabei nicht verwerflich sein. Schließlich hat der Schöpfer alle Menschen mit Phantasie und der Fähigkeit zu träumen begabt. Menschen haben Phantasien. Sie lassen sich nicht einfach zudeckeln. Darum ist es entscheidend, wie Paare mit ihren erotischen Phantasien umgehen.
Achten Sie auf einige Gesichtspunkte:

1. Genießen Sie die Lust im Kopf.

Intime Momente mit dem Partner leben von mehr als nur körperlichen Reaktionen. Wenn Sie sich beispielsweise gedanklich in eine schöne Umgebung versetzen oder sich vorstellen, wie Ihr Partner Sie in einigen Augenblicken berühren wird. Malen Sie sich aus, wie es sein wird, wenn Sie sich während der bevorstehenden Urlaubsreise an einem einsamen Strand lieben werden. Wenn Sie Ihre gedankliche Kreativität so einsetzen, dass Sie für Sie selbst und Ihren Partner erotisch anregend wirkt, kann das Ihr Liebesleben beflügeln. Wenn Sie auf phantasievolle sinnliche Reisen verzichten und sie für Ihr Liebesleben nicht brauchen, ist das natürlich auch völlig o.k.

2. Richten Sie Ihre Phantasien auf Ihren Partner

Nicht wenige Frauen und Männer fühlen sich ausgesprochen schlecht, weil ihre Phantasie nach einem Drehbuch läuft, indem Situationen oder Sexualpraktiken vorkommen, die sie in der Realität niemals gutheißen würden. Diese Vorstellungen können von Sex mit einem unbekannten Menschen über Vergewaltigungsszenen bis zum Gruppensex reichen. Manche Männer haben durch das Betrachten von pornographischen Bildern und Filmen ihre Festplatte im Kopf so vollgeladen, dass diese Bilder gewollt und ungewollt auf dem gedanklichen Bildschirm erscheinen und sich nur sehr schwer löschen lassen.

Ich ermutige Sie, bedrückende Phantasien in einem seelsorglichen Gespräch einem Menschen Ihres Vertrauens mitzuteilen. Dadurch verlieren geheimste Gedanken ein Stück ihrer bedrückenden Macht. Nähren Sie erotischen Träume nicht mit allen möglichen Bildern aus den Medien.

Haben Sie schon einmal daran gedacht, wie es wäre, Ihr Phantasiepotential auf Ihren Partner auszurichten? Wie würde es Ihre Beziehung beleben, wenn Ihr Partner die Hauptrolle beim Kopfkino spielt?

3. Teilen Sie Ihrem Partner Phantasien mit, die ihn nicht verletzen.

Phantasien und Tagträume offenbaren, was Sie sich wünschen. Es kann für den anderen sehr hilfreich sein, wenn Sie ihm davon berichten, was Sie sich ersehnen. Gehen Sie äußerst behutsam vor. Ziehen Sie da eine Grenze, wo Ihr Partner sich verletzt fühlen könnte. Sagen sie niemals: „Ich schlafe in meiner Phantasie mit Arnold Schwarzenegger!“ Wie muss sich Ihr Mann fühlen? Und das nicht nur, weil er eine Figur wie Micky Maus hat.

Teilen Sie Ihrem Seelsorger mit, wenn Sie als Mann gedanklich durch fremde Betten steigen, aber verzichten Sie darauf, Ihrer Frau brühwarm zu erzählen, welche Sexorgien in Ihren Traumen ablaufen.

Auch wenn es heute gegen den Trend geht: Streben Sie nach einer von unerwünschten, belastenden Bildern gereinigten Phantasie. Was in der Phantasie geboren wird, mündet unter Umständen in unverantwortlichen Handlungen. Und lassen Sie sich nicht von einem gefährlichen Trend mitreißen, der alles gestattet und keine Tabus mehr achtet. Je intimer und vertrauensvoller Ihre Partnerschaft herangereift ist, umso gelassener werden Sie miteinander über Ihre Phantasien sprechen können.

Gestatten Sie Ihrem Partner anders zu sein. Sehen Sie in ihm ein unbekanntes Wesen, das es zu erforschen gilt. Das bekannte Unwe-

sen haben Sie schon kennen gelernt. Wenn Sie den anderen so annehmen, wie er ist, halten Sie den Schlüssel für eine harmonische, dauerhafte Beziehung in der Hand. Leben Sie in dem Bewusstsein, dass der andere gerade deshalb so anziehend und anregend auf sie wirkt, weil er eben anders ist.
Gerade die erotische Liebe lebt nicht von der Gleichartigkeit, sondern von den bereichernden Unterschieden der Geschlechter. Wenn Männer kapieren, was Frauen sich wünschen und Frauen entdecken, wie Männer gestrickt sind, kommen beide sich entscheidend näher.

Was macht Sie zu einem guten Liebhaber?

Um es vorweg zu sagen: Den perfekten Liebhaber und die vollkommene Liebhaberin gibt es etwa so selten wie Yetis. Aber es gibt gute und schlechte Liebhaber, einfallsreiche und langweilige Liebhaberinnen. Die nachfolgenden Tips können Sie auf einige Fähigkeiten hinweisen, die Ihrer Partnerschaft erotischen Schwung vermitteln. Glauben Sie als Mann nicht daran, dass es nur Männerphantasien entspricht, wenn Frauen Spaß am Sex haben. Seien Sie sich sicher, dass Ihre Frau zu mehr sinnlicher Liebe fähig ist, als Sie bisher geglaubt haben. Wie viel Lust Ihre Partnerin an der Liebe findet, hängt davon ab, wie sehr sie sich von Ihnen geliebt fühlt. Wecken Sie also Ihr Liebhaberpotential.

Zwei Kerzen und eine stimmungsvolle CD machen noch keinen Romantiker.

Seien Sie romantisch!

Zwei Kerzen und eine stimmungsvolle CD machen noch keinen Romantiker. Es geht um mehr als ein bisschen nettes Beiwerk. Ihre Einstellung zählt. Ihre Partnerin wünscht sich, von Ihnen umworben zu werden. Machen Sie Komplimente. Bringen Sie ihr Wertschätzung entgegen und stärken Sie ihr Selbstwertgefühl als Frau. Geben Sie ihr das Gefühl, eine einmalige, begehrenswerte Frau zu sein. Achten Sie ihre Persönlichkeit. Interessieren Sie sich für ihre Gefühle und Gedanken. So machen Sie ihr Lust darauf, Sie als Liebhaber zu erleben. Unterhalten Sie sich mit ihr und nicht mit ihrer Bluse. Vermitteln Sie nicht den Eindruck, Sie seien nur scharf auf ihren Body. Wenn Sie ihre Persönlichkeit links liegen lassen, verletzt sie das und sie wird sich auf kurz oder lang von Ihnen entlieben.

Bleiben Sie ein Alltags-Romantiker, das heißt, bleiben Sie mit Ihrer Partnerin tagsüber in Berührung. Küsschen zwischendurch, Händ-

chenhalten im Aldi, Nackenstreicheln, wenn sie gerade Ihre Hemden bügelt.
Pflegen Sie liebevolle Rituale im Alltag wie zum Beispiel ein Ehemann, der jedes Mal seiner Frau zuhupte, wenn er mit dem Auto zu einer Dienstfahrt startete.

Finden Sie heraus, was Ihre Frau sich wünscht.

Die Kunst eine Frau glücklich zu machen, liegt darin, hinter ihre Geheimnisse zu kommen.

Wie genau kennen Sie die Bedürfnisse und Vorlieben Ihrer Partnerin? Wenn Sie sich wie ein Erstklässler fühlen, weil Sie über ein ABC nicht hinauskommen, fragen Sie nach. „Wünschst du dir bestimmte Berührungen? Zeigst du mir welche?“ „Woran würdest du merken, wie sehr ich dich liebe und begehre?“
Helfen Sie Ihrer Partnerin, indem Sie ihr zu verstehen geben, dass Sie sich nicht verletzt oder gekränkt fühlen, wenn sie sagt, was sie sich wünscht und was nicht.
Susan Block bemerkt dazu: „Das Geheimnis einer Frau ist etwas Aufregendes. Aber die Kunst, eine Frau glücklich zu machen, liegt darin, hinter ihre Geheimnisse zu kommen und die Details ihrer Vorlieben zu entdecken, so banal sie auch sein mögen. Auch wenn es Ihnen wie eine Ironie des Schicksals vorkommt, dass der Weg zum Herzen und zu den Geschlechtsorganen einer Frau darin besteht, abzuwaschen und ihr die Füße zu massieren – manchmal ist es schlicht die Wahrheit.“ [23]

Stehen Sie Ihren Mann!

So willkommen Ihre männliche Potenz im Ehebett ist – sie macht noch keinen echten Mann aus Ihnen. Zeigen Sie Männlichkeit in der Art, wie Sie für Ihre Partnerschaft oder Familie sorgen. Stehen Sie zu ihr wie ein Ritter zu seiner Burg. Verteidigen Sie sie gegen den Rest der Welt. Halten Sie zu Ihrer Frau auch gegenüber den eigenen Eltern und zwar rückhaltlos. Verkrümeln Sie sich nicht, wenn es um die Gute-Nacht-Geschichte und das Gebet am Kinderbett geht. Manche Ehemänner verhalten sich wie geistliche Weich-Eier, die alles, was mit Glauben zu tun hat, ihren Frauen überlassen. Es tut Ihrer Männlichkeit keinen Abbruch, wenn Sie den Kinderwagen öffentlich schieben oder auf dem Beifahrersitz Platz nehmen.

Mir ist keine Bibelstelle bekannt, die es Männern verbietet, im Haushalt anzupacken. Seien Sie ein Mann jenseits von Machogehabe und Weichspülermentalität, aber mit gesundem Selbstvertrauen und Mut zur Verletzlichkeit. Pokerface und Mamasöhnchen sind out. Lassen Sie sich auf Ihre Partnerin mit Haut und Haar ein und sie wird auf Sie zählen – im Leben und in der Liebe.

„Die Anziehungskraft und Qualität eines Mannes als Liebhaber ist für mich zunächst einmal nicht rein körperlich, sondern eng verknüpft mit der ganzen Persönlichkeit, mit Auftreten und auch Selbstbewusstsein. Im Laufe meiner Ehe und durch die Geburt unserer Kinder hat sich die Rolle meines Mannes als Liebhaber verändert, wobei ändern nicht verschlechtern heißt. Das spontane Ausleben sexueller Bedürfnisse, ein augenblickliches ‚Erliegen' der körperlichen Anziehungskraft des Partners wird schwieriger. Bei uns müssen Möglichkeiten der körperlichen Begegnung teilweise sogar geplant werden, was zugegebenermaßen einen Teil des Reizes nimmt. Ich genieße aber auch die andere Seite der Medaille, die Vertrautheit eines stillen augenzwinkernden Übereinkommens.
Ich schätze an meinem Liebhaber, wenn er mit dazu beiträgt, dass das Umfeld stimmt. Kleine Dinge wie eine kurze Hilfe nach dem Abendessen, um dann gemeinsam schneller mehr Zeit zu zweit zu haben. Oder dass im Schlafzimmer schon mal das Fenster geschlossen und im Winter die Heizung aufgedreht ist – kleine einladende Signale sind das bei uns. Ab und an schätze ich natürlich auch größere Signale wie einen schönen Blumenstrauß, ein Gläschen Sekt, eine Einladung zum Abendessen.
Das Gefühl, begehrt und umworben zu sein, wirkt Wunder – bei wem nicht? Die Aufmerksamkeit des Mannes hat hier eine Schlüsselfunktion. Mein Mann macht mir immer noch recht häufig und spontan Komplimente. Rein körperlich reizt mich die Wahrnehmung des körperlichen Begehrens meines Mannes, auch das Gefühl, ihm etwas geben zu können. Ich schätze seine Vertrautheit und Erfahrung, dass er sehr gut weiß, was ich mag. Das Vorspiel muss für mich nicht – wie so oft verkündet – ellenlang sein, sondern ‚wissend'. Das gewisse Gefühl von ‚Eroberung' im Bett ist für ihn so reizvoll wie für mich das Gefühl, ‚erobert zu werden', Hingabe!"
Sandra, 41 Jahre

Nehmen Sie sich Zeit bei der erotischen Liebe!

Frauen sind keine Fernseher, die per Knopfdruck eingeschaltet werden. Frauen wollen nicht überfallen, sondern aktiviert werden. Um Lust zu empfinden, brauchen sie das Gefühl, begehrt zu werden. Ihre Aufgabe als Liebhaber besteht darin, zuerst ihre Lust zu wecken und dann für die entsprechende Befriedigung zu sorgen.

Lust auf Knopfdruck ist eher selten.

Ihre Partnerin hat viele erogene Zonen, die Sie in das Vorspiel einbeziehen können. Streicheln und küssen. Küssen und streicheln. Steuern Sie nicht gleich auf die primären Geschlechtsorgane Ihrer Frau zu. Inszenieren Sie eine Streichelveranstaltung. Und Küssen heißt nicht, die Mandeln Ihrer Partnerin mit der Zunge zu inspizieren.

Alles, was Sie tun, soll ihr dabei helfen sich zu entspannen. Auch wenn Ihre innere Erregungsuhr schneller tickt als die Ihrer Frau, halten Sie sich zurück. Sie zeigen ihr damit, dass Sie sich gut beherrschen können und sie sich fallen lassen kann.

Wenn Sie sich ausgiebig den nichtsexuellen Bereichen gewidmet haben, wird sie sich danach sehnen, nun auch an intimen Stellen berührt und gestreichelt zu werden. Die Ouvertüre im Liebesspiel schließt damit, dass Sie sich um die Klitoris Ihrer Frau liebevoll kümmern. Sie liegt oberhalb der Scheide zwischen den kleinen Schamlippen und ist nicht zufällig das einzige Organ der Frau, das allein dem Lustempfinden dient. Die Klitorisstimulation wird von den meisten Frauen benötigt, um zum Orgasmus zu kommen. Lassen Sie sich auch hier Zeit, Sie mit den Fingern oder Mund und Zunge zu verwöhnen. Ihre Partnerin wird Ihnen zu verstehen geben, wenn sie sich den eigentlichen Geschlechtsverkehr wünscht. Ein Gentleman-Liebhaber liebt nach der Devise: Ladys first.

Was macht Sie zu einer guten Liebhaberin?

In Paargesprächen äußern Männer häufig den Wunsch, dass ihre Partnerin befreiter mit Sexualität umgehen sollte. Hemmungen und falsch verstandene Schuldgefühle lassen sich nicht über Nacht bewältigen. Das braucht Zeit. Wie viele negative Ansichten zum Sex wurden Frauen in der Vergangenheit weitergegeben?

Nur keine Hemmungen!

Vielleicht haben Sie die Einstellung vermittelt bekommen, dass brave, fromme Frauen dies und jenes nicht tun und der Geschlechtsverkehr ein notwendiges Übel ist, auf das sie gerne verzichten könnten. Sie sollen es aber auf sich nehmen, um zu verhindern, damit sich der Mann nicht einer anderen Frau zuwendet.

Stop! Gönnen Sie sich und Ihrem Mann, was Gott Ihnen gönnt: Spaß und Vergnügen am Liebesglück zu zweit. Sie tun nichts Verbotenes, sondern etwas sehr Liebevolles. Der Heilige Geist verflüchtigt sich nicht, wenn es um irdische Freuden geht. Sex ist weder abartig noch schmutzig. Er ist mehr Kür als Pflicht. Manche Ehefrau, die unter einer gehemmten Einstellung zum Sex mit ihrem Mann litt, hat ein Buch zu partnerschaftlicher Sexualität wie eine Befreiung erlebt. Und ihr Mann hat es voller Überraschung und Freude zu spüren bekommen.

Wenn es Ihnen schwer fällt, mit Ihrem Partner über Ihre Hemmungen zu sprechen, suchen Sie das Gespräch mit guten Freundinnen. Sie können sehr viel dafür tun, dass sich Ihre Sicht der sexuellen Liebe, Ihr Selbst- und Partnerbild positiv wandelt.

Wenn Sie eine erfrischend positive Einstellung zur körperlichen Liebe haben, können Sie unbeschwert das Geschenk sinnlicher Freuden genießen. Ihr Partner wird es Ihnen danken.

Verstehen Sie, dass Sex sein Bedürfnis nach Liebe stillt.

Männer leben ihre Emotionen stärker über die Sexualität aus als Frauen. Er wird sich dann besonders geliebt und geborgen fühlen, wenn Sie ihm körperlich intim nahe kommen. Ihr Mann fühlt sich in seinem Liebesbedürfnis ernst genommen, wenn Sie mit ihm schlafen. Der Beziehungsexperte John Gray schreibt pointiert dazu: „Wenn unsere Mütter uns versichern, dass der Weg zum Herzen eines Mannes durch seinen Magen führt, liegen sie damit etwa zehn Zentimeter zu hoch.“ [24]

Wie viel ihm eine schöne gemeinsame Nacht mit Ihnen bedeutet, zeigt das Wunder am nächsten Tag. Fröhlich pfeifend macht er sich auf den Weg zur Arbeit, nachdem er Ihnen beim Frühstück glücklich lächelnd gegenübergesessen hat. Sein Liebeskonto ist gefüllt. Der Sex motiviert ihn, sogar nach der Arbeit bei den lästigen Haushaltspflichten mitzuhelfen.

Eine Umfrage von über 1000 Männern zwischen 20 und 45 Jahren, von der Frauenzeitschrift Freundin [25] Anfang 1999 veröffentlicht, ergab:

Um ihn im Bett richtig glücklich zu machen, sollte die Partnerin z. B.

ihn öfter verführen	50%
phantasievoller sein	45%
an Oralsex mehr Gefallen finden	42%
Reizwäsche anziehen	41%
mehr Sex wollen	39%
zärtlicher sein	32%
auch im Alltag liebevoller sein	26%

Lieben Sie experimentierfreudig!

Möchte Ihr Partner gerne einmal etwas Neues ausprobieren, blocken Sie nicht gleich ab mit den Worten: „Pfui, du bist ja pervers!“ Kennen Sie den Unterschied zwischen erotisch und pervers? Erotik ist, wenn Sie ihn mit einer Pfauenfeder sanft verwöhnen. Pervers ist, wenn der Pfau noch daran hängt. Wenn Sie oder Ihr Partner Neues ausprobieren möchten, dann ist das ein Plus für die Liebe. Statt sich empört abzuwenden, denken Sie darüber nach und

knüpfen ein Gespräch dazu an. Viele Männer beklagen, dass ihre Frauen selten oder gar nicht die Initiative zum Sex ergreifen und wenig Freude an Neuem zeigen. Entwickeln Sie Neugierde. Probieren Sie einfach aus, wie es ist, wenn Sie Ihren Mann einmal sinnlich verführen. Alle Facetten in der erotischen Liebe sind erlaubt. Auch in langjährigen Beziehungen kann es Neuland zu entdecken geben. Im Blick auf sexuelle Spielarten haben Sie und Ihr Partner immer die Freiheit, deutlich „nein" zu sagen. Keiner muss dem anderen zuliebe etwas praktizieren, was er nicht will. Keiner darf im Alleingang den sexuellen Geschmackspolizisten spielen und festlegen, was erlaubt ist und was nicht. Möglicherweise sind bestimmte Sexualpraktiken für Sie emotional negativ besetzt. Wenn Sie sich beispielsweise bei dem Gedanken an Oralverkehr schwer tun, sprechen Sie mit Ihrem Partner vorurteilsfrei darüber. Manchmal zeigt es sich, dass etwas völlig unbedenklich ist, nachdem man sich informiert hat. Je freier Sie über Liebestechniken denken und sprechen lernen, umso gelassener können Sie etwas Neues ausprobieren.
Routine und Langeweile können Sie auf viele Arten entgegenwirken. Entscheidend ist, dass Sie den Mut zur Initiative aufbringen.

Keiner muss dem anderen zuliebe etwas praktizieren, was er nicht will.

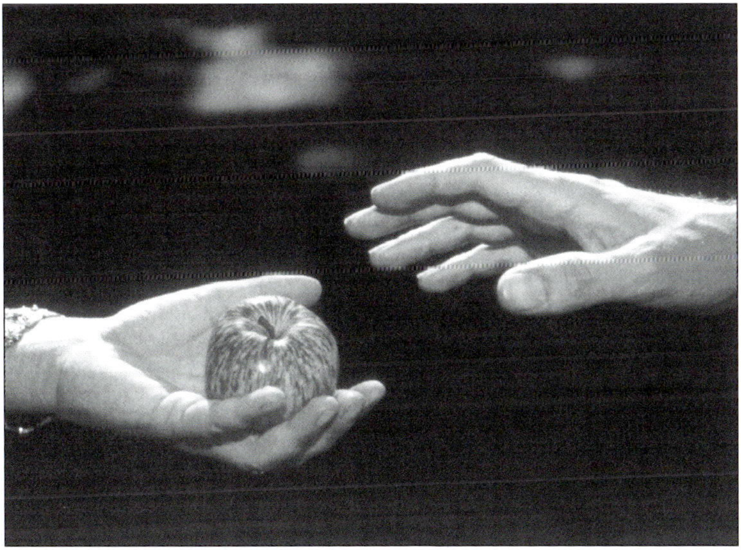

Betrachten Sie Ihren Liebhaber als Helden!

Geben Sie ihm ein positives Feedback – nicht nur im Bett. Jeder Mann sehnt sich danach, so etwas wie ein starker Held für seine Frau zu sein. Sehen Sie in ihm mehr als den Ernährer der Familie und den Mitarbeiter im Haushalt. Zeigen Sie ihm, wie männlich Sie ihn finden. „Ich bin stolz darauf, wie du den Schrank zusammengebaut hast.“ „Ich mag deine starken Arme, die mich so gut festhalten.“ Widmen Sie seinem Mannsein Aufmerksamkeit, und er wird Sie unwiderstehlich finden. „Die Frau soll ihren Mann achten und ehren“, schreibt der Apostel Paulus.[26] Hier geht es nicht um eine gebückte Haltung vor dem „Herrn des Hauses“. Männer stehen ihren Mann, wenn sie respektvoll behandelt werden.

Die amerikanische Therapeutin Susan Page fordert ihre Geschlechtsgenossinnen auf: „Egal, was er tut, das Sie aufregt, Ihre Beziehung ist wichtiger als eine bestimmte Verhaltensweise oder Angewohnheit, die Ihnen nicht an ihm gefällt. Mit Belehrungen und Ratschlägen schaffen Sie es nicht, dass Ihr Mann sich ändert; Sie machen es ihm bloß schwer, sich Ihnen nahe zu fühlen – was Sie sich doch am meisten wünschen. Hören Sie einfach damit auf. Ihr Mann braucht Ihren Rat nicht, Ihre Vorschläge, Ihre Erinnerungen, Ihre Zurechtweisungen. Machen Sie Schluss damit, gleich jetzt, von einer Minute zur anderen. Sie haben in dieser Ehe nicht allein das Sagen. Sie sollen das Verhalten Ihres Mannes nicht kontrollieren. Davon war im Ehegelübde nicht die Rede. Ihnen und Ihrem Mann wird es sofort besser gehen, wenn Sie Ihr Belehren und Anempfehlen vollkommen aufgeben.“[27]

Machen Sie sich interessant!

Wenn Sie für Ihren Partner mehr als eine graue Maus mit Ehering sein wollen, müssen Sie Farbe in Ihr (Ehe-)Leben bringen. Ich empfehle Paaren, die an Langeweile in der Beziehung kranken, folgende Übung: Jeder nimmt sich einen Abend pro Woche für sich allein frei und unternimmt etwas. Der Partner darf aber keine Informationen im Vorfeld bekommen, was unternommen wird. Was passiert? Auf einmal haben sich beide wieder etwas zu erzählen. Neugierde

wird geweckt. Jeder bringt von außen frische Eindrücke in die Beziehung ein. Partnerschaft ist kein geschlossener Strafvollzug.
Erotik lebt zwischen zwei Polen: intimer Vertrautheit und geheimnisvoll Neuem. Bewahren Sie sich Ihre Geheimnisse, indem Sie es für ihn spannend machen. Nähe und Vertrautheit allein lassen die Beziehung veröden. Manche Frauen würden am liebsten auch noch auf dem Klo dem Liebsten nahe sein. Mit einem Übermaß an Nähe können Sie Ihren Mann erdrücken. Deshalb mein Rat: Lassen Sie ihm genügend Freiräume. Damit Sie Ihre Beziehung nicht plattkuscheln, sorgen Sie für aufregend Neues. Reizvolle Unterwäsche, ein tolles Massageöl, ein gemeinsamer Saunabesuch, von dem er erst in letzter Minute informiert wird.
Wenn Sie Ihren Partner für ein „Tier" im Bett halten – das gerade Winterschlaf macht –, wecken Sie ihn mit neuen und bewährten Ideen aus dem erotischen Schlaf auf.

Nehmen Sie ihm den Leistungsdruck!

Männer stehen ständig unter Strom. Im Beruf und manchmal auch in der Liebe. Wenn Ihr Partner einmal als Liebhaber erschlafft, fühlt er sich schnell als Versager. Als gute Liebhaberin können Sie ihm helfen, wenn es einmal nicht geklappt hat. Vermitteln Sie ihm das Gefühl, dass es überhaupt nicht tragisch ist. Geben Sie ihm die Gelassenheit, die ihm fehlt. Sonst wird er sich unnötig unter Druck setzen, dass es beim nächsten Mal nicht wieder passiert.
Machen Sie sich niemals lustig über seinen Durchhänger. Er wird das überhaupt nicht lustig finden. Sein Penis spielt nicht die Hauptrolle im Liebesleben. Zeigen Sie ihm, dass er als Mann noch viele andere Möglichkeiten hat für ein lustvolles Zusammensein. Und überhaupt: Sex machen kann jeder – Erotik nicht!

Intime Kommunikation – Reden über Lust und Frust

Wie Sie sexuelle Sprachbarrieren überwinden können

Es ist schon seltsam. Ich kann heute via Internet Millionen von Daten an einen Kollegen in Australien e-mailen und alles kommt hundertprozentig bei ihm an. Aber wenn ich meiner Frau am Frühstückstisch etwas mitteile, versteht sie mich mal wieder völlig falsch. Was bei vernetzten Computern hervorragend funktioniert, gelingt im Beziehungsalltag eher schlecht als recht. Ganze sieben Minuten pro Tag nehmen sich Mann und Frau durchschnittlich für das Gespräch zu zweit. Dabei hängt die Qualität einer Beziehung entscheidend von der Qualität ihrer Kommunikation ab.

Ein Team namhafter Psychologieprofessoren untersuchte den Zusammenhang von Ehezufriedenheit und Kommunikationsverhalten. Dabei fanden sie heraus, dass zufriedene Paare einander zugewandt sprechen, mehr lächeln und den Partner dabei anschauen. Sie teilen ihre Gedanken, Gefühle und Bedürfnisse häufiger mit und akzeptieren die Äußerungen des anderen.

Ganz anders dagegen verläuft die Kommunikation bei unzufriedenen Paaren. Sie sehen sich weniger an, lächeln weniger, geben sich unbeteiligter und sprechen in schärferem Ton. Sie üben mehr Kritik, gebrauchen zahlreiche Rechtfertigungen und abwertende Bemerkungen. Ihre Gefühle und Bedürfnisse sprechen sie deutlich weniger aus. [28]

Manche Frauen verzweifeln an ihren mundfaulen Männern. Die wiederum beklagen sich darüber, dass das von Natur aus neugierigere Geschlecht ständig und bis in jedes Detail alle Gefühlsregungen sezieren und mitgeteilt bekommen will. Um die daraus entstehenden Konflikte zu vermeiden, kommt das Fernsehen als Kommunikationskiller wie gerufen. In einer amerikanischen Durchschnittsfamilie läuft täglich sieben Stunden der Fernseher. Einige Jahre, nachdem auf den Galapagos-Inseln der Fernsehempfang ermöglicht worden war, befragte man die Einwohner nach den Veränderungen durch diese Segnung der Zivilisation. „Wir reden kaum noch miteinander!" lautete die erschreckende Bilanz.

Miteinander reden fällt schon schwer genug. Wenn es um sexuelle Themen geht, herrscht häufig Sprachlosigkeit. Nach einer FOCUS-Umfrage fällt es nur 55% der Frauen relativ leicht über ihre Sexualität zu sprechen, während es 40% eher schwer fällt. [29]

Wir verschicken e-mails, surfen im Internet, kommunizieren mit der halben Welt, aber am Frühstückstisch fällt uns nichts ein.

Sprechen Sie als Paar offen über gute Zeiten – schlechte Zeiten.

In nicht wenigen Ehen gibt es eine stillschweigende Vereinbarung, diesen Bereich aus dem gemeinsamen Gespräch herauszulassen. „Wir reden nicht darüber, was unsere Sexualität angeht." Über Sex spricht man nicht. Und weil Mann und Frau es nie gelernt haben, verbinden sie Ängste und große Unsicherheit mit Gesprächsthemen, die zu intim sind und unter die nackte Haut gehen. Direkte Fragen und offene Antworten werden tunlichst gemieden, als berge das Geschlechtsleben hochexplosive Minen, die bei Berührung explodieren könnten. Wer ängstlich schweigt, verstärkt nur vorhandene sexuelle Probleme. Was totgeschwiegen wird, lebt umso nachhaltiger und unkontrolliert auf. Wenn wir nicht darüber reden, was wir im Ehebett erleben, können wir kaum etwas an der sinnlichen Liebe verbessern.

Ich möchte Sie als Paar für Ihr ganz privates Programm erwärmen. Sprechen Sie über gute Zeiten – schlechte Zeiten. Inszenieren Sie Ihre eigene Talk-Show mit dem Ehemann als Gast. Besprechen Sie die Tagesthemen und verabreden Sie sich mit Ihrer Frau zum Nacht-Journal beim Tagesausklang. Mit der Fernbedienung durch die Programme zappen ist ein Kinderspiel. Mit dem eigenen Partner ins Gespräch kommen, erfordert eine geschützte Intimsphäre, mutige Offenheit und die Bereitschaft hinzuhören. Wetten, dass Sie es schaffen können? Einige Impulse zur partnerschaftlichen Kommunikation können Ihnen helfen, vermehrt auf Sendung und Empfang zu gehen.

Fünf Tips für Ihre partnerschaftliche Kommunikation

1. Reden Sie über sich!

Im Eifer eines Wortgefechts übernehmen Sie als Sprecher schnell die Rolle des Angreifers. Mit typischen Du-Botschaften greifen Sie den anderen an. Sie beinhalten Vorwürfe und klagen den anderen an. Der Angegriffene reagiert mit Rückzug. Er verkriecht sich ins Schneckenhaus und schweigt. Oder das Imperium schlägt zurück: „Und wenn du dich mehr um die Kinder kümmern würdest, dann hätte ich auch mehr Zeit für dich!"
Durch Ich-Botschaften anstelle von Du-Botschaften vermitteln Sie dem Partner, was Sie fühlen, was in Ihnen vorgeht, womit Sie Probleme haben.

Du-Botschaften	Ich-Botschaften
„Du hast nie Lust auf Sex. Wenn du mehr Lust hättest, dann sähe es in unserer Partnerschaft viel besser aus!"	„Ich vermisse zärtliche Stunden mit dir. Was kann ich tun, dass wir uns wieder näher kommen?"
„Wenn du dich endlich mehr um unsere Kinder kümmern würdest, dann hätte ich auch mehr Zeit für dich!"	„Ich fühle mich mit der Erziehung unserer Kinder allein gelassen. Ich wünsche mir deine Unterstützung, damit wir wieder mehr Zeit für uns haben!"

Ich-Botschaften geben dem Zuhörer die Gelegenheit, ruhig und sachlich zu reagieren, weil er sich nicht gleich auf den Schlips getreten fühlen wird.

2. Reden Sie von einer konkreten Situation

Wenn Sie sich tierisch geärgert haben oder Ihren Frust ablassen wollen, neigen Sie zum Rundumschlag. „Und überhaupt, immer willst du nur das eine, wenn ich einfach nur mal kuscheln möchte. Das ist mal wieder typisch für euch Männer!" Die Gefahr ist groß,

Du-Botschaften durch Ich-Botschaften ersetzen.

die letzten zehn Jahre wieder aufleben zu lassen. „Und wie war das in unseren Flitterwochen, als du ...!" Bitte holen Sie keine alten Kamellen hervor. Es geht ums hier und heute.

3. Schildern Sie konkrete Verhaltensweisen

Statt zu behaupten: „Erst kommen bei dir die Kinder, dann deine Eltern, dann lange gar nichts und vielleicht bleibt für mich dann noch ein bisschen Zeit übrig", klingt die persönliche Schilderung deutlich besser: „Als ich heute Abend nach Hause kam, hatte ich das Gefühl, du hast jetzt keine Zeit, weil du dich um unsere Kinder gekümmert hast und dann mit deinen Eltern telefoniertest. Ich habe mich überflüssig gefühlt und bin dann runter in mein Büro gegangen!" Je konkreter Sie bestimmte Verhaltensweisen ansprechen, umso eher wird Ihr Zuhörer verstehen, was Sie bewegt.

4. Öffnen Sie sich im Gespräch

Wenn Frauen erfahren wollen, was sie bei ihren Männern nicht verstehen, fragen sie nach. Den Männern fällt es häufig schwer darüber zu sprechen. Sie machen dicht. Sie fürchten, sich ihrer Frau auszuliefern. Wie reagieren Frauen, wenn der Partner hartnäckig schweigt? Ausgesprochen verärgert. In weiblichen Köpfen läuft dann schnell ein Katastrophenfilm ab. „Er interessiert sich gar nicht für mich. Er hat keine Gefühle mehr. Ich bin ihm gleichgültig." Männer und Frauen brauchen eine gehörige Portion Mut, um sich zu öffnen. Je klarer Sie formulieren, was Sie denken, fühlen und erwarten, umso besser gelingt die Kommunikation.

5. Hören Sie aktiv zu!

Häufig beschäftigen Sie sich schon gedanklich mit einer Erwiderung, bevor der andere sie überhaupt ausgesprochen hat. Hochkonzentriert lauern Sie vielleicht darauf, die nächste Gesprächspause zu nutzen, um endlich Ihren Standpunkt darzustellen. Durch aktives Zuhören nehmen Sie Ihren Gesprächspartner ernst. Durch Blickkontakt, Kopfnicken und bestätigende Bemerkungen vermitteln Sie Verständnis. Als besonders wirkungsvoll erweist es sich, wenn Sie in Ihren eigenen Worten wiedergeben, was Sie gehört haben. „Habe ich dich richtig verstanden, du wünschst dir etwas mehr Zeit mit mir ohne die Kinder?“

Sie: Ach, war das schön! Für dich auch?
Er: Mmh.
Sie: Was hast du gedacht, als ich die Initiative ergriffen habe?
Er: Mmh.
Sie: Hat es dir wirklich gefallen?
Er: Mmh.
Sie: (leicht genervt) Warum hast du dich direkt danach auf die Seite gedreht?
Er: Müde.
Sie: (mächtig genervt) Mmh, mmh, müde ... Weißt du eigentlich, dass ich mir in letzter Zeit öfter vorstelle, wie es mit einem anderen ist? Wie ich in seinen starken Armen liege, er mich anschließend sanft streichelt und so lieb mit mir redet, dass wir gleich wieder Lust bekommen? Interessiert dich das überhaupt?
Er: Hast du den Wecker auf halb sieben gestellt?

Gesprächs-Killer

Verletzende und destruktive Formulierungen gehören in den Giftschrank der Kommunikation. Dazu zählen Bemerkungen wie: „Ich glaube nicht, dass ich mit dir die Silberhochzeit erleben will!“ Scheidungsdrohungen erschüttern die Beziehung bis ins Mark. Wer hartnäckig wissen will: „War dein früherer Liebhaber besser oder schlechter im Bett als ich?“, bremst die Vertrauensbeziehung aus. „Wenn du mich lieben würdest, dann wärst du auch bereit, diese Sexpraktik auszuprobieren.“ Wer liebt hier eigentlich wen nicht richtig?
Liebe bedeutet doch nicht, das ich tun muss, was der andere will. „Du bist egoistisch, weil du meine Wünsche immer übergehst.“ Der Egoistenvorwurf weckt Schuldgefühle. Wer lässt sich gerne sagen, er sei egoistisch? Der Haken daran ist: Wer dem anderen Egoismus

Manche Forderungen an den Partner sind glatte Erpressungen.

vorwirft, ist selbst der größte Egoist. Er will den anderen manipulieren, damit er tut, was er selber will. „Wenn du nicht häufiger mit mir schläfst, suche ich mir eben eine andere." „Falls du nicht endlich etwas gegen dein Problem mit dem vorzeitigen Samenerguss unternimmst, muss ich mir einen Liebhaber suchen." Das ist glatte Erpressung. Wer so redet, will den anderen gefügig machen, aber an sich selbst nichts verändern. Wie emotionale Aasgeier fressen solche Bemerkungen auch den letzten Rest Vertrauen auf.

Wenn es uns schon gelingt, besser miteinander im Alltag zu kommunizieren, weil wir diese Gesprächsregeln beherzigen, stoßen wir bei intimen Gesprächsthemen auf eine neue Schwierigkeit. Es fällt uns ausgesprochen schwer, die richtigen Worte für das zu finden, was mit Sex zu tun hat. In der deutschen Sprache begegnen uns zwei Extreme. Die Medizinsprache oder der Gossenslang. Das medizinisch korrekte Vokabular für heiße Gefühle und exstatische Momente wirkt ausgesprochen kühl und technisiert. Begriffe wie Koitus, Klitoris und Cunnilingus besitzen den erotischen Charme einer Steuererklärung. Im Gegensatz dazu verwendet die Vulgärsprache äußerst derbe Worte und drückt sinnliche Stimmungen und erotische Gefühle mit drastischer Direktheit aus. Sie rauben der Erotik ihren geheimnisvollen Zauber. Manche Paare wiederum verwenden eine Art Babysprache, um in Worte zu fassen, was sie sehen oder empfinden. Sein „Zipfelchen" und ihr „Döschen" machen „hoppe hoppe Reiter".

Ich halte es für hilfreich, wenn jedes Paar seine eigene Sprache entwickelt, um sexuelle Dinge zu benennen. Das Hohelied der Liebe beschreibt in poetisch-erotischer Sprache, was zwei Liebende für einander empfinden und in lustvoller Vorfreude ersehnen. Gute Literatur zum Thema Sexualität hilft, Sprachbarrieren zu überwinden. Wenn ein Paar eigene sprachliche Ausdrucksformen gewinnt, schafft das vertiefte Intimität. Vielleicht verwenden sie Worte, die sie vermutlich niemals in der Öffentlichkeit gebrauchen würden, die ihnen aber dabei helfen, Gefühle und Gedanken verbal auszudrücken.

Neben den gesprochenen Worten spielt die Gesamteinstellung der Person eine große Rolle, wenn es um gelungene Kommunikation geht. Je wichtiger es mir ist, meinem Gesprächspartner mitzuteilen, was mich bewegt, umso stärker werde ich mich um eine differenzierte Ausdrucksweise bemühen. Das gilt im Geschäftsleben genauso wie im Liebesleben.

Liebesgeflüster beim Liebesspiel

Wer sagt eigentlich, dass beim Lieben die Stimmbänder auf Stummschaltung gestellt sein müssen? Sprechen ist erlaubt und häufig auch erwünscht. Natürlich vergeht Frau die Lust, wenn Mann beim Liebesakt fragt, ob der Wagen morgen zur Inspektion gebracht werden kann. Worte können Ihnen dabei helfen, dem Partner beim Liebesspiel noch näher zu kommen. Liebeslaute sind erlaubt. Machen Sie es allerdings nicht den Zikaden nach. Bei dieser Insektenart dringt der Lockruf des Männchens über 4 Kilometer hinweg an das Ohr der Weibchen. Was würde Ihre Nachbarschaft dazu sagen? Zur sinnlichen Liebe gehören Sprache und Gehör.

Liebe kann auch ein akustisches Fest der Sinne sein. Geflüsterte Koseworte, wohlige Laute und sanfte Bitten. Verbalerotik versüßt intime Momente.

Aber Vorsicht: Gebrauchen Sie nur solche Worte und Redewendungen, die Ihrem Schatz gefallen und ihn beflügeln. Sonst stürzt der andere vor Erreichen des Lustgipfels genervt ab. Die goldene Regel für Liebesgeflüster lautet: Lobe, schmeichle und streichle mit Worten! „Du bist eine aufregend tolle Frau. Du riechst so gut. Ich mag deine zärtlich zupackenden Hände ..." Ihrem Einfallsreichtum sind keine Grenzen gesetzt.

Nervtötend kommt nur ewiges Gefrage: „Tue ich dir auch nicht weh? Ist es so gut oder besser anders oder wie denn?" Sie schlafen gerade mit dem Menschen, den Sie lieben. Drücken Sie Ihre Leidenschaft aus. Aber bitte nicht schauspielern, sondern echt bleiben. Jeder hat seine ganz persönlichen Bedürfnisse.

Fassen Sie Ihre Gedanken in Worte und teilen Sie dem anderen mit, was Ihnen gefällt. Eigene Wünsche anzusprechen hat nichts mit Selbstsucht zu tun. Im Gegenteil. Nur wenn Sie in Ihren Bedürfnissen Erfüllung finden, können Sie die Bedürfnisse des anderen dauerhaft stillen. Wenn beide sich sexuell erfreuen wollen und einander Befriedigung vermitteln möchten, müssen sie wissen, wie das am besten geht. Wenn Sie Ihrem Partner nicht deutlich mitteilen, was Sie in der körperlichen Liebe brauchen, dann nehmen Sie ihm die Chance, es Ihnen zu geben.

Wer liebt, fragt danach, was dem anderen gut tut und spricht eigene Bedürfnisse offen aus. Nicht wenige Paare erlebten es fast wie eine Offenbarung, als sie angefangen haben, über ihre Wünsche und Vorlieben miteinander zu sprechen.

Reden Sie nicht um den heißen Brei. Glauben Sie nicht, der andere müsse doch wissen, was Ihnen gefällt. Auch wenn er Sie liebt, Hellsehen gehört nicht zu seinen Liebhaberfähigkeiten. Geheimnisvolle Andeutungen und missverständliche Bemerkungen reichen nicht aus. Der andere tappt im Dunkeln. Sie fühlen sich gekränkt und missverstanden. Sie dürfen keine hellseherischen Fähigkeiten vom anderen erwarten. Jeder muss klar und deutlich sagen, was er sich wünscht.

Und wenn Sie schließlich beide ermattet und glücklich aufs Bett sinken, sind liebe Worte durchaus angebracht. Mit dem Abschwellen der Erektion müssen nicht zwangsläufig die Stimmbänder schlafen gehen. Intime Zweisamkeit glüht nach, wenn Sie in Worte fassen, was Sie bewegt.
Ob Koseworte im Alltag oder bei ernsthaften Gesprächen über die sexuelle Beziehung, ob beim Liebesspiel oder danach: Miteinander vertraulich reden ist ein starkes Aphrodisiakum. Wenn Sie neue Sprachfreude in der erotischen Liebe entdecken, schweißt Sie das noch enger zusammen.

Der Fragebogen

Gebrauchsanweisung

Füllen Sie den nachfolgenden Fragebogen bitte zunächst für sich alleine aus. Es geht um Ihre Sicht der Sexualaktivitäten in der Partnerschaft.

Wenn Sie den Fragebogen ausgefüllt haben, können Sie sich mit Ihrem Partner bzw. Ihrer Partnerin darüber austauschen und die Ergebnisse mit einander vergleichen. Wenn Sie den Eindruck haben, dass Ihre Beziehung im Moment nicht so stabil ist, dass Sie den Fragebogen gemeinsam besprechen können, dann greifen Sie ein Stichwort heraus, das Ihnen besonders wichtig ist.

Bitte vermeiden Sie in jedem Fall eine Bewertung der Sicht des anderen!

Fragen Sie nach, was Sie nicht verstehen und hören Sie aufmerksam zu, was der andere Ihnen sagt.

Vermeiden Sie bitte einen häufig praktizierten Fehler. Lesen Sie dieses Buch und den Fragebogen für sich selbst und nicht für Ihren Partner. Entdecken Sie die Punkte, die Sie selbst positiv verändern können. Legen Sie dem anderen nicht das Buch in der Absicht auf den Nachttisch, ihm endlich klar zu machen, was er alles falsch gemacht hat und verändern muss. Sie erreichen damit eher das Gegenteil. Sprechen Sie darüber, an welchen Stellen Sie sich angesprochen fühlen und Ihrem Partner zuliebe etwas verändern möchten. Und noch besser: Lassen Sie ihn hautnah spüren, was Sie in Ihre Liebesbeziehung neu investieren wollen.

Fragebogen zu Partnerschaft und Sexualität – für ihn

Wie schätzen Sie die Sexualität in Ihrer Partnerschaft ein?
1 = ungenügend
2 = mangelhaft
3 = ausreichend
4 = befriedigend
5 = gut
6 = sehr gut

1) Wie zufrieden sind Sie über die Häufigkeit sexueller Aktivitäten in Ihrer Partnerschaft?
1 2 3 4 5 6

2) Wie gut können Sie Ihrer Partnerin mitteilen, welche Bedürfnisse Sie in sexueller Hinsicht haben?
1 2 3 4 5 6

3) Wie empfinden Sie die Atmosphäre im Schlafzimmer?
1 2 3 4 5 6

4) Wie sehr fühlen Sie sich durch Ihre Partnerin akzeptiert und geliebt?
1 2 3 4 5 6

5) Wie leicht fällt es Ihnen, sexuell erregt zu werden und einen Orgasmus zu erleben?
1 2 3 4 5 6

6) Wie groß ist Ihre Bereitschaft Neues im Liebesleben auszuprobieren?
1 2 3 4 5 6

7) Wie gut ist es Ihnen gelungen, sich von Schuldgefühlen und negativen Prägungen in Ihrer Haltung zur Sexualität zu befreien?
1 2 3 4 5 6

8) Wie erfüllend empfinden Sie Ihre Partnerschaft?
1 2 3 4 5 6

Bitte unterstreichen Sie die Aussagen, die in Ihren Empfindungen und Gedanken eine Rolle beim partnerschaftlichen Sex spielen: Keine Lust auf Sex – gefrustet – unter Druck gesetzt – unerfüllte Wünsche – Unsicherheit – Angst vor Kontrollverlust – Schmerzen – Ekelgefühle – Schamgefühle – schlechtes Gewissen – mehr Lust auf Sex – Angst zu versagen – zu wenig Zeit für Intimitäten – seelische Verletzungen blockieren Lustempfinden – Eifersuchtsgefühle – fehlende Zärtlichkeiten – Routine – negative Empfindungen nach dem Sex – Minderwertigkeitsgefühle

Welche Probleme sehen Sie grundsätzlich in Ihrer Partnerschaft?

____

____

Welche erotischen Wünsche würden Sie gerne mit Ihrer Partnerin in Zukunft verwirklichen?

____

____

Was schätzen Sie an Ihrer Partnerin als Liebhaberin besonders?

____

____

Was würden Sie in Ihrem Intimleben gerne verändern?

Woran wird Ihre Partnerin erkennen, dass Sie dieses Buch gelesen haben?

Wie viel Hoffnung haben Sie, dass sich die erotische und sexuelle Beziehung zu Ihrer Partnerin weiter verbessert?

Was wollen Sie selbst dafür tun?

Fragebogen zu Partnerschaft und Sexualität – für sie

Wie schätzen Sie die Sexualität in Ihrer Partnerschaft ein?
1 = ungenügend
2 = mangelhaft
3 = ausreichend
4 = befriedigend
5 = gut
6 = sehr gut

1) Wie zufrieden sind Sie über die Häufigkeit sexueller Aktivitäten in Ihrer Partnerschaft?
1 2 3 4 5 6

2) Wie gut können Sie Ihrem Partner mitteilen, welche Bedürfnisse Sie in sexueller Hinsicht haben?
1 2 3 4 5 6

3) Wie empfinden Sie die Atmosphäre im Schlafzimmer?
1 2 3 4 5 6

4) Wie sehr fühlen Sie sich durch Ihren Partner akzeptiert und geliebt?
1 2 3 4 5 6

5) Wie leicht fällt es Ihnen, sexuell erregt zu werden und einen Orgasmus zu erleben?
1 2 3 4 5 6

6) Wie groß ist Ihre Bereitschaft Neues im Liebesleben auszuprobieren?
1 2 3 4 5 6

7) Wie gut ist es Ihnen gelungen, sich von Schuldgefühlen und negativen Prägungen in Ihrer Haltung zur Sexualität zu befreien?
1 2 3 4 5 6

8) Wie erfüllend empfinden Sie Ihre Partnerschaft
1 2 3 4 5 6

Bitte unterstreichen Sie die Aussagen, die in Ihren Empfindungen und Gedanken eine Rolle beim partnerschaftlichen Sex spielen:
Keine Lust auf Sex – gefrustet – unter Druck gesetzt – unerfüllte Wünsche – Unsicherheit – Angst vor Kontrollverlust – Schmerzen – Ekelgefühle – Schamgefühle – schlechtes Gewissen – mehr Lust auf Sex – Angst zu versagen – zu wenig Zeit für Intimitäten – seelische Verletzungen blockieren Lustempfinden – Eifersuchtsgefühle – fehlende Zärtlichkeiten – Routine – negative Empfindungen nach dem Sex – Minderwertigkeitsgefühle

Welche Probleme sehen Sie grundsätzlich in Ihrer Partnerschaft?

____

____

Welche erotischen Wünsche würden Sie gerne mit Ihrem Partner in Zukunft verwirklichen?

____

____

Was schätzen Sie an Ihrem Partner als Liebhaber besonders?

____

____

Was würden Sie in Ihrem Intimleben gerne verändern?

Woran wird Ihr Partner erkennen, dass Sie dieses Buch gelesen haben?

Wie viel Hoffnung haben Sie, dass sich die erotische und sexuelle Beziehung zu Ihrem Partner weiter verbessert?

Was wollen Sie selbst dafür tun?

Anmerkungen

1 Die Leitung des Bundes Freier evangelischer Gemeinden: Zur Ehe heute, Witten 1998
2 1. Mose 2,24
3 Gunter Schmidt: Sexuelle Verhältnisse, Reinbeck bei Hamburg 1998, S. 38
4 nach Rudolf Dreikurs: Die Ehe – eine Herausforderung, München 1994
5 z. B. 1. Mose 4,1
6 Rolf Wilhelm Brednich: Die Spinne in der Yucca-Palme – Die Maus im Jumbo-Jet, München 1990, S. 203f.
7 Hans Rettenbacher: Und sie leben glücklich, Innsbruck 1998, S. 84
8 FOKUS 43/1997, S. 217
9 Masters, Johnson, Kolodny: Heterosexualität, Wien 1996, S. 104
10 Gary Chapman & Ross Campbell: Die fünf Sprachen der Liebe für Kinder, Marburg an der Lahn 1997
11 Isabelle Hommel: In fremden Betten, Niederhausen 1996, S. 8
12 zitiert nach Richard Forster: Geld, Sex und Macht, Gießen, S. 98
13 Masters, Johnson, Kolodny: Heterosexualität, Wien 1996, S. 517
14 Cornelis Dittmar: Seitensprung – Ein Fall für drei, Bergisch Gladbach 1998, S. 48
15 FOCUS 7/1999, S. 158
16 Gunter Schmidt: Sexuelle Verhältnisse, Reinbeck bei Hamburg 1998, S. 27
17 Lonnie Barbach: Mehr Lust, Reinbeck bei Hamburg 1988, S. 97
18 FOCUS 27/1998, S. 150f.
19 Psychologie Heute Mai 1998, S. 22
20 Masters, Johnson, Kolodny: Heterosexualität, Wien 1996, S. 39f.
21 FOCUS 4/1998, S. 150
22 Dianne Hales in: DAS BESTE 6/1999, S. 110ff.
23 John Gray: Mars, Venus & Eros, München 1996, S. 7
24 Ed & Gaye Wheat: Hautnah, Asslar 1992, S. 102
25 Susan Block: Die 10 Gebote der Erotik, Bergisch Gladbach 1998, S. 71
26 John Gray: Mars, Venus & Eros, München 1996, S. 26
27 Freundin 8/1999, S. 110ff
28 L. Schindler, K. Hahlweg, D. Revenstorf: Partnerschaftsprobleme: Diagnose und Therapie, Berlin Heidelberg 1982 1998, S. 39f
29 FOCUS 4/1998, S. 150

Schulungsangebote des Autors

Neben meiner therapeutischen Tätigkeit als Seelsorger, Partnerschaftsberater und Familientherapeut führe ich Seminare und Vortragsveranstaltungen in Verbindung mit Kirchen und Gemeinden sowie Volkshochschulen, Bildungswerken und Wirtschaftsunternehmen durch.

Meine Themenschwerpunkte sind:
Ehe- und Partnerschaftsfragen
Sexualität
Erziehungsfragen
Kommunikation
Seelsorge
Mitarbeitermotivation
Konfliktbewältigung

Ihre Meinung zu meinem Buch „Tausend und eine Nacht" interessiert mich. Ich freue mich, wenn Sie mir Ihr persönliches Feedback geben und mitteilen, welche Aussagen für Sie besonders hilfreich waren bzw. zu welchen Themen Sie sich mehr Anregungen gewünscht hätten.

Bitte wenden Sie sich an folgende Adresse:
Praxis für Psychotherapie und Seelsorge
Matthias Hipler
Rübenacherstr. 121
56072 Koblenz
e-mail: hipler@aol.com